RÉNYI PICTURE DICTIONARY

JAPANESE AND ENGLISH

ÉDITIONS RÉNYI INC.

355 Adelaide Street West, Suite 400, Toronto, Ontario Canada M5V 1S2

The Rényi Japanese Picture Dictionary

Copyright © 1990 Éditions Rényi Inc.

Illustrated by Kathryn Adams, Pat Gangnon, Colin Gilles, David Shaw and Yvonne Zan. Cover illustration by Colin Gilles. Designed by David Shaw and Associates.

Color separations by New Concept Limited.

Printed in Singapore by Khai Wah Litho Pte Limited.

In this dictionary, as in reference work in general, no mention is made of patents, trademark rights, or other proprietary rights which may attach to certain words or entries. The absence of such mention, however, in no way implies that words or entries in question are exempt from such rights.

Japanese translations in Hiragana, Kanji and Romaji by Dr. Kazuko Nakajima, Toronto.

The Rényi Japanese Picture Dictionary   Cloth: ISBN 0-921606-17-6

INTRODUCTION

Some of Canada's best illustrators have contributed to The Rényi Japanese Picture Dictionary, which has been carefully designed to combine words and pictures into a pleasurable learning experience.

Its unusually large number of terms (3336) makes The Rényi Japanese Picture Dictionary a flexible teaching tool. It is excellent for helping young children acquire language and dictionary skills in English or in Japanese. Because the vocabulary it encompasses is so broad, this dictionary can also be used to teach older children and adults as well. The Hiragana, Kanji and Romaji Concordance at the back of this book makes this dictionary a useful reference work. Further, the alphabetical Hiragana index helps Japanese speakers locate the English words. Thus it is also an effective tool for teaching English as a second language.

THE VOCABULARY

The decision on which words to include and which to leave out was made in relation to three standards. First, a word-frequency analysis was carried out to include the most common words. Then a thematic clustering analysis was done to make sure that words in common themes (animals, plants, activities etc.) were included. Finally, the vocabulary was expanded to include words which children would likely hear, ask about and use. This makes this dictionary's vocabulary more honest than most. 'To choke', 'greedy', 'to smoke' are included, but approval is withheld.

This process was further complicated by the decision to *systematically* illustrate the meanings. Although the degree of abstraction was kept reasonably low, it was considered necessary to include terms such as 'to expect' and 'to forgive', which are virtually impossible to illustrate. Instead of dropping these terms, we decided to provide explanatory sentences that create a context.

USING THIS DICTIONARY

Used at home, this dictionary is an enjoyable book for children to explore alone or with their parents. The pictures excite the imagination of younger children and entice them to ask questions. Older children in televisual cultures often look to visual imagery as an aid to meaning. The pictures help them make the transition from the graphic to the written. Even young adults will find the book useful, because the illustrations, while amusing, are not childish.

The Hiragana index in this book lists every term with the number of its corresponding illustration. Teachers can use this feature to expand children's numeracy skills by asking them to match an index number with the illustration. The dictionary as a whole provides an occasion to introduce students to basic dictionary skills.

Great care has been taken to ensure that any contextual statements made are factual, have some educational value and are compatible with statements made elsewhere in the book. Lastly, from a strictly pedagogical viewpoint, the little girl featured in the book has not been made into a paragon of virtue; young users will readily identify with her imperfections.

TO MY NEW FRIENDS

My name is Ashley. I am a little girl. I go to school. I am learning to swim, and I have a little brother. If you want to meet my father, the admiral, look at the page on the right. You will see him at the bottom of the page. My mother is on the next page, at the top. If you want to see me, look at my picture above the word 'calm'.

Some people think dictionaries are dull. I guess they have not seen this one, which is all about me and the people I know, and about many, many ideas.

Five grown-up artists had a lot of fun drawing the pictures. I also drew a picture (the zebra). Can you find it?

I must go now. Look for me in the dictionary.

P.S. If you want to write to me about our dictionary, ask your parents or your teacher to give you my address.

A

そろばん
1 abacus

そのことについて はなしてください。

いちじかんぐらい かかります。

Tell me about it.
It takes about an hour.

2 about

あたまのうえ
3 above

けっせき
4 absent

アクセル
5 accelerator

はじめのおんせつに アクセントを つけてください。

Put the accent on the first syllable.

6 accent

じこ
7 accident

アコーディオン
8 accordion

せめる
9 to accuse

エース
10 ace

あたまがいたい.
11 My head aches.

さん
12 acid

どんぐり
13 acorn

アクロバット
14 acrobat

みちのむこうにすんでいます。
はらっぱをよこぎります。

He lives across the street.
She ran across the fields.

15 across

たす
16 to add

じゅうしょ
17 address

かいぐんたいしょう
18 admiral

ドンはリサがだいすき。
19 to adore

20 adult — せいじん、おとな

21 to advance — まえにすすむ

22 advantage — せが たかいほうが ゆうり。

23 adventure — ジュリーのおかあさんは ぼうけんがすき。

24 He is afraid. — こわい

25 Africa — アフリカ

26 after — ばんごはんの あとで あそんでもいいですか。

わたしのあと について いってください。

Can we play after dinner ?
Repeat after me !

27 afternoon — ごご

28 again — また あそぼうよ。

また きみのばんだよ。

Let's play again.
It is your turn again.

29 to rub against — こする

30 age — とし、ねんれい

31 agile person — どうさの きびきびしたひと

32 aground — あんしょうに のりあげる

33 ahead — ヘレンは トムの まえの ほうに すわります。

おさきに どうぞ。

Helen sits ahead of Tom.

Please go ahead.

34 to provide aid — たすける

35 to aim — ねらう

36 air — くうき、そら

37 air mattress — エアマット

38 airtight — みっぺいした いれもの

39 airplane/aeroplane* — ひこうき

くうこう	つうろ	めざましどけい	アルバム
40 airport	41 aisle	42 alarm clock	43 album
いえにひがつく。	いきている	ぜんぶ	ろじのねこ
44 alight	45 alive	46 I want them all.	47 alley
わに	アーモンド	ほとんど	なぜひとりでいるの?
48 alligator	49 almond	50 almost	51 alone
かいがんにそって あるく	おおきなこえで	アルファベット	もういかなくちゃ ならないの?
52 along	53 aloud	54 alphabet	55 Do I have to go already?
だいじょうぶだよ。	わたしもほしい。	アルミのはしご	いつもころぶ
56 I am alright.	57 I also want some.	58 aluminum/aluminium* ladder	59 I always fall down.

きゅうきゅうしゃ 60 ambulance	ひつじのなかのおおかみ 61 wolf **among** sheep	いかり 62 anchor	むかしのしろのあと 63 ancient
かくど 64 angle	おこっている 65 He is **angry**.	どうぶつ 66 animals	くるぶし、あしくび 67 ankle
アナウンスする 68 to **announce**	もうひとつ の サンドイッチ 69 **another** sandwich	こたえは……。 70 The **answer** is…	あり 71 ant
なんきょく 72 Antarctic	かもしか 73 antelope	しかの つの 74 antlers	おかねが まったくない。 75 I do not have **any** money.
なんでも たべる 76 It eats **anything**.	どこへも いかれない。 77 He cannot go **anywhere**.	ひとつぶ ふさから はなれる。 78 apart	さる、るいじんえん 79 ape

みつばちを かうところ、ようほうじょう	ちゃんと <u>あやまりなさ</u>い。 おくれて どうも<u>すみません</u>。 *You should apologize.* *I apologize for being late.*	てじなしのぼうしから うさぎが <u>あらわれました</u>。 じょうおうが テレビに <u>でました</u>。 *A rabbit appeared from the magician's hat.* *The Queen appeared on television.*	けくしゅする
80 apiary	81 to apologize/apologise*	82 to appear	83 to applaud
りんご	りんごのしん	ちかづく	あんず
84 apple	85 apple core	86 to approach	87 apricot
しがつ	エプロン、まえかけ	すいぞくかん	アーチ
88 April	89 apron	90 aquarium	91 arch
けんちくか	ほっきょく	ぎろんする	うで
92 architect	93 Arctic	94 to argue	95 arm
ひじかけいす	よろい	わきのした	おひる<u>ごろ</u>つきます。 バスは まちを <u>ぐるりと</u>まわりました。 *We will be there around noon.* *The bus drove around the town.*
96 armchair	97 armor/armour*	98 armpit	99 around

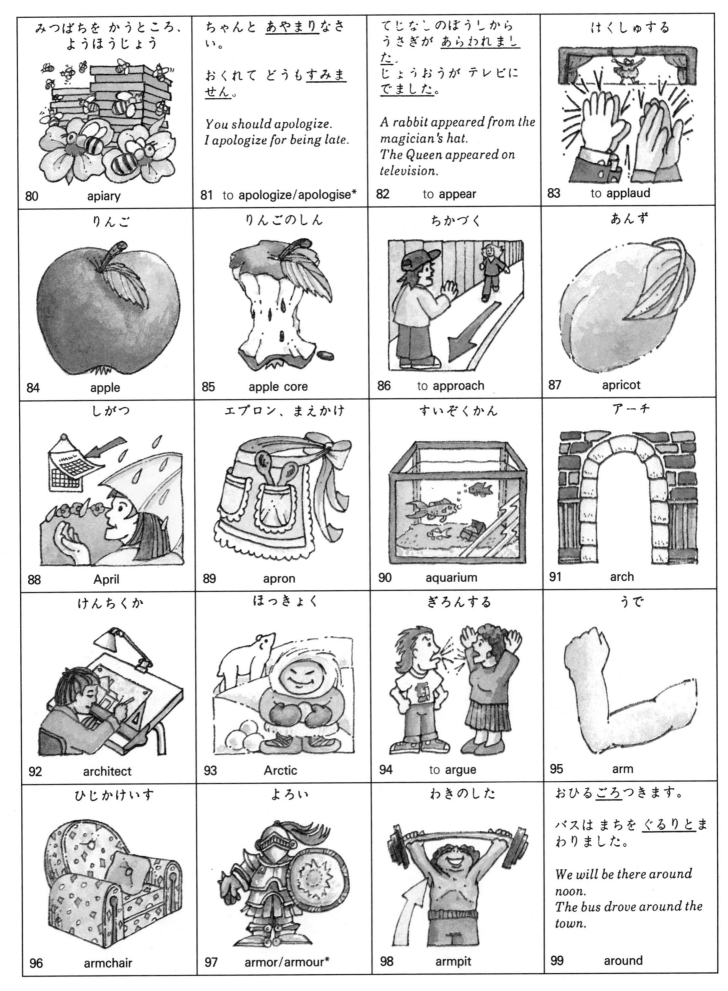

はなをいける 100 to **arrange** flowers	たいほする 101 to **arrest**	つく 102 to **arrive**	や 103 **arrow**
アーティチョーク、 ちょうせんあざみ 104 **artichoke**	げいじゅつか 105 **artist**	えのように うつくしい。 ただしは おにいさんと お<u>なじ ぐらい</u> せがたかいです。 *As pretty as a picture Tadashi is as tall as his older brother.* 106 **as**	はい 107 **ash**
はいざら 108 **ashtray**	アジア 109 **Asia**	みちを<u>きく</u> 110 to **ask** for directions	メアリーとフラフィは よく<u>ねむっている</u>。 111 **asleep**
アスパラガス 112 **asparagus**	アスピリン 113 **aspirin**	パトリックはジーンを <u>おどろかした</u>。 114 to **astonish**	うちゅうひこうし 115 **astronaut**
てんもんがくしゃ 116 **astronomer**	ヘレンは おとうさんと いえにいます。 しゃしんを みている ところです。 *Helen is at home with her dad.* *They are looking at the photo.* 117 **at**	うんどうせんしゅ 118 **athlete**	ちず、ちずちょう 119 **atlas**

ちきゅうをとりまく <u>きたい</u>	げんし	つける、はめる	ちゅういしなさい。
120　atmosphere	121　atom	122　to attach	123　Pay attention!
やねうら	かんきゃく	はちがつ	おばさん
124　attic	125　audience	126　August	127 My aunt is my mother's sister.
オーストラリア	さっか	じどう	あき
128　Australia	129　author	130　automatic	131　autumn
なだれ	アボカド	めがさめている	かのじょは どこかに いっていていません。
132　avalanche	133　avocado	134　awake	135　She is away.
<u>ひどいにおい</u>	<u>ぶかっこう</u>なひと	おの	<u>しゃりんのじく</u>
136 an awful smell	137 an awkward person	138　axe	139　axle

	あかちゃん、あかんぼう	うばぐるま	せなかをかく
	140 baby	141 baby carriage/pram*	142 back

ベーコンエッグ	わるい、いたんだ	バッジ	バックする
144 bacon and eggs	145 bad apple	146 badge	143 to back up

ふくろのなか	えさ	やく	パンやさん
147 bag	148 bait	149 to bake	150 baker

パンや	バランスがいい	バルコニー	はげている
151 bakery	152 good balance	153 balcony	154 bald

ボール	バレリーナ	バレー	ふうせん
155 ball	156 ballerina	157 ballet	158 balloon

ききゅう	バナナ	ヘアーバンド	バンド
159 hot air **balloon**	160 banana	161 band	162 musical **band**
ほうたい	ばんばんたたく、どんとうつ	てすり、らんかん	ぎんこう
163 bandage	164 to bang	165 banister	166 bank
てつのぼう	バー	てつじょうもう	りはつし、とこや
167 bar	168 bar/pub*	169 barbed wire	170 barber
はだし	やすうり、バーゲン	うんかせん	ほえる
171 one **bare** foot	172 bargain	173 barge	174 to bark
おおむぎ	なや	バラック、へいえい	きのかわ
176 barley	177 barn	178 barracks	175 bark

たる	じゅうしん	ヘヤクリップ	バリヤード、さく
179 barrel	180 barrel	181 barrette/hair slide*	182 barrier

どだい	ベース	やきゅう	ちかしつ
183 base	184 base	185 baseball	186 basement/cellar*

バゼル	バスケット、かご	バスケットボール	バット
187 basil	188 basket	189 basketball	190 bats

(お)ふろ にはいる	(お)ふろば	ゆぶね	こうもり
192 I am having a bath.	193 bathroom	194 bathtub	191 bat

バッテリー、でんち	わん、いりえ	ベイリーフ	バザー
195 battery	196 bay	197 bay leaves	198 bazaar

ぼくはカナダじんです。
トムとボブはともだちです。
アシュレイは いしゃになりたいのです。

*I am a Canadian.
Tom and Bob are friends.
Ashley wants to be a doctor.*

199   to be

200   beach — かいがん、うみべ

201   bead — ビーズ

202   beak — くちばし

203   beam of light — こうせん

204   beans — まめ

205   bear — くま

206   beard — ひげ

207   beast — けもの

208   to beat — うつ

209   beautiful — うつくしい、きれい（な）

210   beaver — ビーバー

211   I am crying because… — ねこがしんだので…。

212   to become — けむしが ちょうちょうになる。

213   bed — ベッド

214   bed lamp/reading light* — ベッドのランプ

215   bedroom — ベッドルーム、しんしつ

216   bee — はち

217   beech — ぶな

218   beehive — みつばちのす（ばこ）

ビール	ビート	かぶとむし	しょくじをするまえに てをあらいなさい。
219　beer	220　beet/beetroot*	221　beetle	222　Wash your hands **before** dinner.
こじき	アシュレイのピアノの レッスンは 10じに はじ まります。 トムのピアノのレッスン は 9じに はじまります *Ashley's piano lesson begins at ten o'clock. Tom's piano lesson begins at nine o'clock.*	アリスは ぎょうぎがいい。	きのうしろ
223　to beg	224　to begin	225　to behave	226　behind
ベージュ	しんじる	ベル、かね	へそ
227　beige	228　I **believe** in dragons.	229　bell	230　belly button
わたしのもの	テーブルのした	ベルト	ベンチ
231　He **belongs** to me.	232　below	233　belt	234　bench
みちが まがっている。	まげる	ベレーぼう	きのそば
235　bend	236　to bend	237　beret	238　beside

デザートの<u>ほかに</u> なにか たべませんか？ *Should you eat something besides dessert?* 239　　besides	いちばん、さいこう 240　　best

シーラはトムより <u>よく</u> うたえます。 やろうとおもえば トムは <u>もっとよく</u>できます。 *Sheila can sing better than Tom.* *Tom can do better if he tries to.* 241　　better	<u>いわといわのあいだ</u> 242　　between

よだれかけ 243　　bib	じてんしゃ 244　　bicycle	おおきい 245　　big	じてんしゃ 246　　bike

（お）さつ、しへい 247　　bill/banknote*	こうこくばん 248　　billboard/hoarding*	たまつき、ビリヤード 249　　billiards/snooker*	しばる 250　　to bind/tie up*

そうがんきょう 251　　binoculars	とり 252　　bird	アシュレイは <u>うまれたと き</u> 7ポンド でした。 ねこは こねこを 4 ひき <u>うみました。</u> *Ashley weighed seven pounds at birth.* *The cat gave birth to four little kittens.* 253　　birth	たんじょうび 254　　birthday

ビスケット 255　　biscuit	かむ 256　　to bite	ひとくち 257　　bite	ビールは <u>にがい</u>です。 それは <u>つらい</u>けいけんで した。 *Beer has a bitter taste.* *It was a bitter experience.* 258　　bitter

くろい、くろ	ブラックベリー	ブラックバード	こくばん
259 black	260 blackberry	261 blackbird	262 blackboard
くろすぐり	かじや	かたなの<u>は</u>	おとうさんは アシュレイ のせいにしましたが、ほんとうは クリス が わるいのです。 *Dad blamed Ashley, but Dad should blame Chris.*
263 blackcurrant	264 blacksmith	265 blade	266 to blame
<u>くうはく</u>のページ	ブランケット、もうふ	ばくはつ	ばくはする
267 blank page	268 blanket	269 blast	270 to blast
ほのお	ブレザー	ひょうはくざい	ちが でる、しゅっけつする
271 blaze	272 blazer	273 bleach	274 to bleed
ミキサー	めのみえないひと、もうじん	まばたきする	みずぶくれ
275 blender	276 blind	277 to blink	278 blister

ふぶき	つみき	ブロック	ブロックする、さえぎる
279　blizzard	280　block	281　block	282　to block
ブロンド、きんぱつ	ち	はな	はながさく
283　blond/blonde*	284　blood	285　bloom	286　to blossom
インクのしみ	ブラウス	あたまをうつ	ふく
287　blot	288　blouse	289　a blow to the head	290　to blow
あおい、あお	ブルーベリー	このナイフのはは にぶく なったので、とがなければなりません。 *The blade of this knife has become blunt, so it has to be sharpened.*	ほほをあからめる
291　blue	292　blueberries	293　blunt	294　to blush
いのしし	いた	クリスは じまんする のが すきです。 *Chris likes to boast.*	ボート、ふね
295　boar	296　board	297　to boast	298　boat

へヤピン 299　bobby pin/hairgrip*	からだ 300　body	にる 301　to boil	ボルト 302　bolt
ほね 303　bone	たきび 304　bonfire	ほん 305　book	ほんだな 306　bookshelf
ブーメラン 307　boomerang	ブーツ、ながぐつ 308　boot	こっきょう 309　border	あなを あける 310　to bore

なんねんに うまれました
か。

うまれながらのリーダー
です。

What year were you born?
She is a born leader.

312　born

アシュレイは よく おと
うとのじてんしゃを かり
ます。

Ashley often borrows her
younger brother's bike.

313　to borrow

ボス

314　boss

ボブは しゃべりすぎるの
で、わたしは すぐ たい
くつしてしまいます。

Bob bores me because he
talks too much.

311　to bore

メグも チップも ふたり
とも かわいいです。
きょうも あしたも おや
すみです。

Meg and Chip are both
cute.
Both today and tomorrow
are holidays.

315　both

びん

316　bottle

せんぬき

317　bottle opener

そこ

318　bottom

（まるい、おおきな）いし 319 boulder	はずむ 320 to bounce	はなたば、ブーケ 321 bouquet	ゆみ 322 bow
ボール 324 bowl	はこ 325 box	ボクサー 326 boxer	ちょうネクタイ 323 bow tie
おとこのこ、しょうねん 327 boy	ブラジャー 328 bra	ブレスレット 329 bracelet	スーはあたらしいおもちゃの じまんをします。スーのおとうさんは スー に じまんしては いけない と いいます。 *Sue brags about her new toys.* *Her dad tells her not to brag.* 330 to brag
のう 331 brain	ブレーキ 332 brake	ブレーキをかける 333 to brake	えだ 334 branch
はいしゃさんが、アシュレイは ゆうかんだ と いいました。 *The dentist says Ashley is brave.* 335 brave	パン 336 bread	こわす 337 to break	こわれる、こしょうする 338 to break down

おしいりごうとうをする	あさごはん、ちょうしょく
339 to break in	340 breakfast
いき	いきをする
341 breath	342 to breathe
れんが	れんがしょくにん
343 brick	344 bricklayer
はなよめ、およめさん	はなむこ、おむこさん
345 bride	346 bridegroom
はし	うまのくつわ
347 bridge	348 bridle
ブリーフケース、かばん	あかるい たいよう
349 briefcase	350 bright sun
もってくる	かえしに くる
351 to bring	352 to bring back
こわれやすいガラス	ブロッコリー
353 brittle glass	354 broccoli
ブローチ	おがわ
355 brooch	356 brook
ほうき	おとうと
357 broom	358 I love my brother.

まゆげ	ちゃいろ	ブラシでとかす	ブラシ
359 brow	360 brown	362 to brush	363 brush
きず、うちみ	めキャベツ	ペンキようの<u>はけ</u>	はブラシ
361 bruise	366 brussels sprouts	364 paintbrush	365 toothbrush
あわ	バケツ	バックル	つぼみ
367 bubble	368 bucket	369 belt buckle	370 bud
バッファロー、すいぎゅう	むし	らっぱ	たてる
371 buffalo	372 bug	373 bugle	374 to build
おうし	ブルトーザー	てっぽうの<u>たま</u>	メガホン、かくせいき
375 bull	376 bulldozer	377 bullet	378 bullhorn/megaphone*

いじめっこ  379 bully	こぶ 380 bump	バンパー 381 bumpers	アスパラガス<u>ひとたば</u> 382 bunch
たば 383 bundle	ブイ 384 buoy	どろぼう 385 burglar	もえる 386 to burn
はれつする 387 to burst	うめる 388 to bury	バス 389 bus	バスてい 390 bus stop
やぶ 391 bush	いそがしい 392 I am busy now.	いきたい<u>けれども</u>、ぼくはいそがしいです。 ボールは おおきい<u>が</u>、いもうとのほうがもっとおおきいです。 *I would like to go, but I am busy.* *Paul is big, but his younger sister is bigger.* 393 but	にくや 394 butcher
バター 395 butter	ちょうちょ(う) 396 butterfly	ボタン 397 buttons	かう 398 to buy

399 cabbage — キャベツ

400 cabin — やまごや

401 cabinet — とだな、キャビネット

402 cable/lead* — ケーブル

403 cactus — さぼてん

404 cage — かご

405 cake — ケーキ

406 calculator — けいさんき

407 calendar — カレンダー、こよみ

408 calf — こうし

409 to call — よぶ

412 She is **calm.** — おちついている

413 camel — らくだ

414 camera — カメラ

410 to call off

あめなら ピクニックは <u>ちゅうし</u> です。
アシュレイは どうぶつえんいきを <u>とりやめました</u>。

We will call off the picnic if it rains.
Ashley has called off our trip to the zoo.

415 to **camp** — キャンプする

416 campsite — キャンプじょう

417 can — かん、かんづめ

411 to **call** up/to **phone*** — (でんわで)よびだす

かんきり	うんが	カナリヤ	ろうそく
418 can opener/tin* opener	419 canal	420 canary	421 candle

ろうそくたて、しょくだい	あめ	つえ	たいほう
422 candlestick	423 candy/sweets*	424 cane/walking stick*	425 cannon

みることが できない	カヌー	カンタローブ (メロンのいっしゅ)	きょうこく
426 I cannot see.	427 canoe	428 cantaloupe	429 canyon

ぼうし	みさき	ケープ	おおもじ
430 cap	431 cape	432 cape	433 capital

キャプテン、せんちょう	つかまえる、とる	くるま、じどうしゃ	キャラバン
434 captain	435 to capture	436 car	437 caravan

トランプ	ボールがみ	めんどうをみる	ふちゅうい
438 cards	439 cardboard	440 to care	441 He is careless.
つみに	カーネーション	カーニバル	だいく
442 cargo	443 carnation	444 carnival	445 carpenter
カーペット、じゅうたん	うばぐるま	にんじん	はこぶ
446 carpet	447 carriage/pram*	448 carrot	449 to carry
カート、にぐるま	ボールばこ	きる	ケース、はこ、トランク
450 cart	451 carton	452 to carve	453 case
げんきん	カシューナッツ	しろ	ねこ
454 cash	455 cashew nuts	456 castle	457 cat

カタログ	つかむ、うけとめる	おいつく	けむし
458 catalog/catalogue*	459 to catch	460 to catch up with	461 caterpillar

うし、かちく	おおなべ	カリフラワー	きへいたい
462 cattle	463 cauldron	464 cauliflower	465 cavalry

ほらあな	てんじょう	いわう	セロリ
466 cave	467 ceiling	468 to celebrate	469 celery

さいぼう	ちかしつ	セメント	ちゅうしん
470 cell	471 cellar	472 cement	473 center/centre*

1メートル＝100センチ	むかで	いっせいきは ひゃくねんです。	シリアル
		A century has one hundred years.	
474 centimeter/centimetre*	475 centipede	476 century	477 cereal

いえをでるとき、ドアに かぎをかけたのは <u>たしか</u> です *I am certain that I locked the door when leaving the house.* 478　certain	しょうめいしょ 479　certificate	チェーン、くさり 480　chain	チェーンソー 481　chainsaw
いす 482　chair	チョーク 483　chalk	チャンピオン 484　champion	こぜに 485　change
すいろ 487　channel	しょう 488　chapter	アシュレイは <u>せいかく</u>が つよいです。 この<u>じ</u>は どういういみで すか。 *Ashley has a strong character.* *What does this (printed) character mean?* 489　character	かえる 486　to change
すみ 490　charcoal	ふだんそう 491　chard	けいさつは スパットを ごうとうで <u>きそしまし た</u>。 でんちを <u>じゅうでんする</u> のを わすれました。 *The police charged Spud with robbery.* *I forgot to charge the battery.* 492　to charge	せんしゃ 493　chariot
ずひょう 494　chart	おいかける 495　to chase	しゃべる、 おしゃべりする 496　to chat	<u>やすいえんぴつ</u> 497　cheap pencil, expensive crown

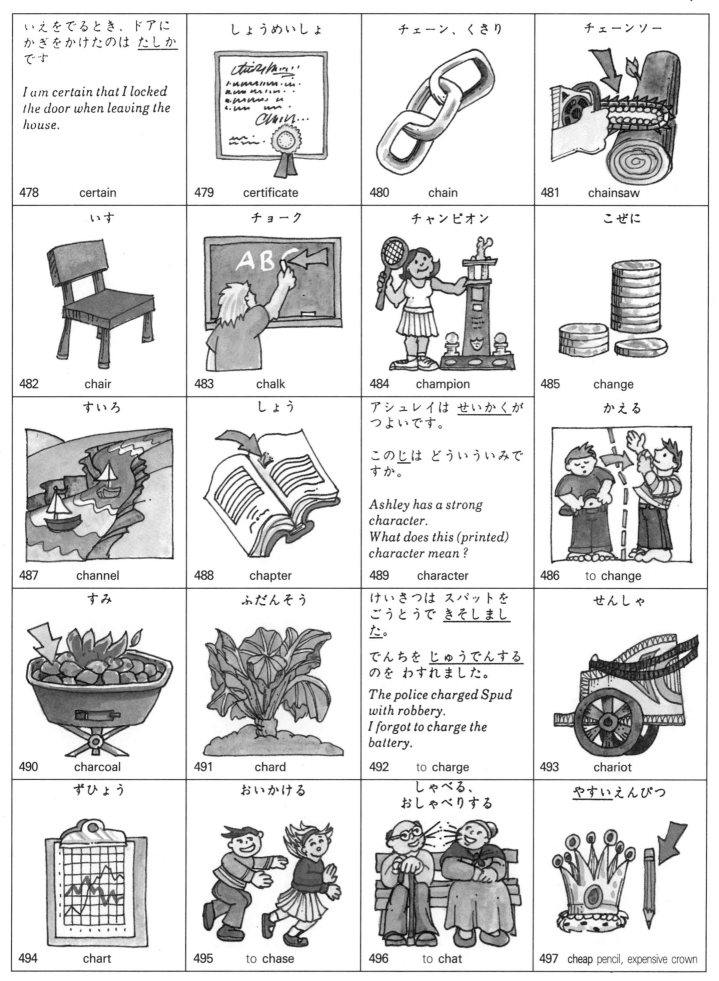

カンニングする	けさ おべんとうばこを しらべましたか。 いりぐちで コートを あづけてください。 *Did you check your lunchbox this morning? Check your coat at the entrance, please.*	ほほ、ほお	チーズ
498 to cheat	499 to check	500 cheek	501 cheese
こぎって	さくらんぼ	むね	くり
502 cheque*/check	503 cherries	504 chest	505 chestnut
かむ	チックピー、エジプトまめ	にわとり、とり	みずぼうそう
506 to chew	507 chick peas	508 chicken	509 chicken-pox
(けいさつ、ぐんたいの) ちょう	こども	はだざむい	えんとつ
510 chief	511 child	512 a chilly day	513 chimney
チンパンジー	あご	せともの、とうじき	こっぱ
514 chimpanzee	515 chin	516 china/crockery*	517 chip

のみ	チャイブ	チョコレート	クワイヤー、せいかたい
518 chisel	519 chives	520 chocolate	521 choir

いきがつまる	のどにひっかかる	えらぶ	きざむ
522 to choke	523 to choke on	524 to choose	525 to chop

はし	クローム	きく	せきたんの<u>かたまり</u>
526 chopsticks	527 chrome	528 chrysanthemum	529 a chunk/lump* of coal

はまき	たばこ	まる、えん	サーカス
530 cigar	531 cigarette	532 circle	533 circus

とし	はまぐり	まんりき	てをたたく、はくしゅする
534 city	535 clam	536 clamp	537 to clap

きょうしつ	（かにの）つめ、はさみ	ねんどは れんがをつくる のに つかわれます。 Clay is used to make bricks.	せいけつ、きれい
538 classroom	539 claw	540 clay	541 She is all clean.

かたづける	がけ、ぜっぺき	いわを<u>のぼる</u>	しんりょうじょ、 クリニック
542 to clear	543 cliff	544 to climb	545 clinic

きる	とけい	とじる	クローゼット、 ようふくだんす
546 to clip	547 clock	548 to close	549 closet/cupboard*

ようふくは <u>きれ</u>でつくり ます。 Clothes are made of cloth.	ようふく、いふく	ものほしづな	くも
550 cloth	551 clothes	552 clothes line	553 cloud

クローバー	どうけし	こんぼう	けいさつは そのはんざい の <u>てがかり</u>をつかみまし た。 <u>ヒント</u>を あげましょう。 The police found a clue to the crime. I will give you a clue.
554 clover	555 clown	556 club	557 clue

クラッチ	つかむ、にぎる	コーチ	おおがたバス
558 clutch	559 to clutch	560 coach	561 coach

せきたん	このきれは <u>ざらざらして</u> <u>います</u>。 <u>あらっぽい</u>ことばを つか ってはいけません。 *This cloth is coarse.* *Do not use coarse* *language.*	かいがん	プリシラは しゅう にか い チームの<u>コーチをし</u> <u>ています</u>。 *Priscilla coaches the team* *twice a week.*
563 coal	564 coarse	565 coast	562 to coach

あたたかい<u>コート</u>	くものす	ココア	ココナッツ、やしのみ
566 coat	567 cobweb	568 cocoa	569 coconut

たら	コーヒー	ひつぎ、(お)かん、 かんおけ	コイル
570 cod	571 coffee	572 coffin	573 coil

こうか、コイン	さむい	えり	あつめる
574 coin	575 I am cold.	576 collar	577 to collect

カレッジ	しょうとつする、ぶつかる	しょうとつ	いろ
578 college	579 to collide	580 collision	581 color/colours*

こうま(おす)	えんちゅう	くし	かみを<u>とかす</u>
582 colt	583 column	584 comb	585 to comb

あわせる	アシュレイはバスで パーティーに<u>きました</u>。 ここによく<u>きます</u>か。 *Ashley came to the party by bus.* *Do you come here often?*	とれる	いしきがもどる
586 combine	587 to come	588 to come off	589 to come to

らく(な)、かいてき(な)	コンマ	めいれいする	わたしたちはちいさい <u>コミニティー</u>にすんで います。 <u>コミニティー</u>センターに プールがあります。 *We live in a small community.* *There is a pool at the community center.*
590 comfortable	591 comma	592 to command	593 community

なかま	なかまといっしょ	くらべる	コンパス、じしゃく
594 companion	595 I am in good company.	596 to compare	597 My compass points north.

さっきょくする	さっきょくか	さっきょく	コンピュータ
598　to compose	599　composer	600　composition	601　computer

しゅうちゅうする	コンサート	コンクリート	しきしゃ
602　to concentrate	603　concert	604　concrete	605　conductor

えんすい	アイスクリーム・コーン	まつぼっくり	しゃしょう
607　cone	608　ice cream cone	609　pine cone	606　conductor/guard*

じしんが ある	わからなくなる、こんらんする	おめでとうという、いわう	つなぐ
610　confident	611　I am confused	612　to congratulate	613　to connect

P, b, t, d, k, g, s, z は しいんです。 P, b, t, d, k, g, s, z are consonants.	けいかん	せいざ	たいりく
614　consonant	615　constable	616　constellation	617　continent

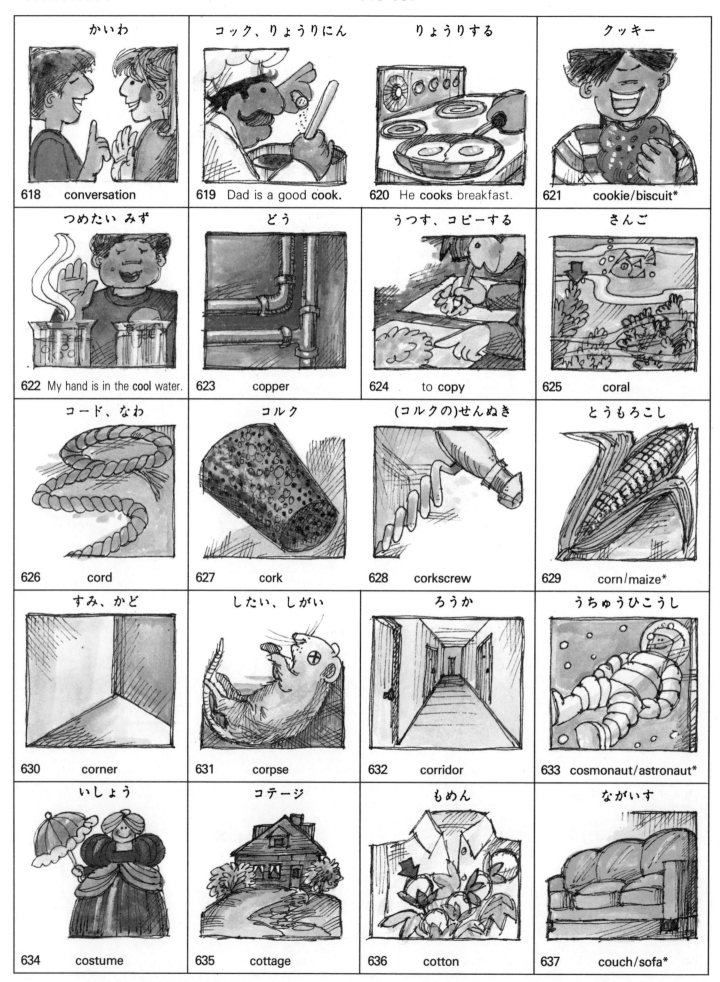

かいわ	コック、りょうりにん	りょうりする	クッキー
618　conversation	619　Dad is a good cook.	620　He cooks breakfast.	621　cookie/biscuit*

つめたい みず	どう	うつす、コピーする	さんご
622　My hand is in the cool water.	623　copper	624　to copy	625　coral

コード、なわ	コルク	(コルクの)せんぬき	とうもろこし
626　cord	627　cork	628　corkscrew	629　corn/maize*

すみ、かど	したい、しがい	ろうか	うちゅうひこうし
630　corner	631　corpse	632　corridor	633　cosmonaut/astronaut*

いしょう	コテージ	もめん	ながいす
634　costume	635　cottage	636　cotton	637　couch/sofa*

せきをする 638 to cough	かぞえる 639 to count
カウンター、けいすうき 640 counter	カウンター 641 counter
いなか 642 country	くに 643 country
カップル、ふうふ 644 couple	ゆうき 645 courage
テニスコート 646 court	いとこ 647 My cousin is my uncle's daughter.
カバーする 648 to cover	ふた 649 cover
めうし 650 cow	おくびょうもの 651 This boy is a coward.
カーボーイ 652 cowboy	かに 653 crab
ひび 654 crack	クラッカー 655 cracker
ゆりかご 656 cradle	つる 657 crane

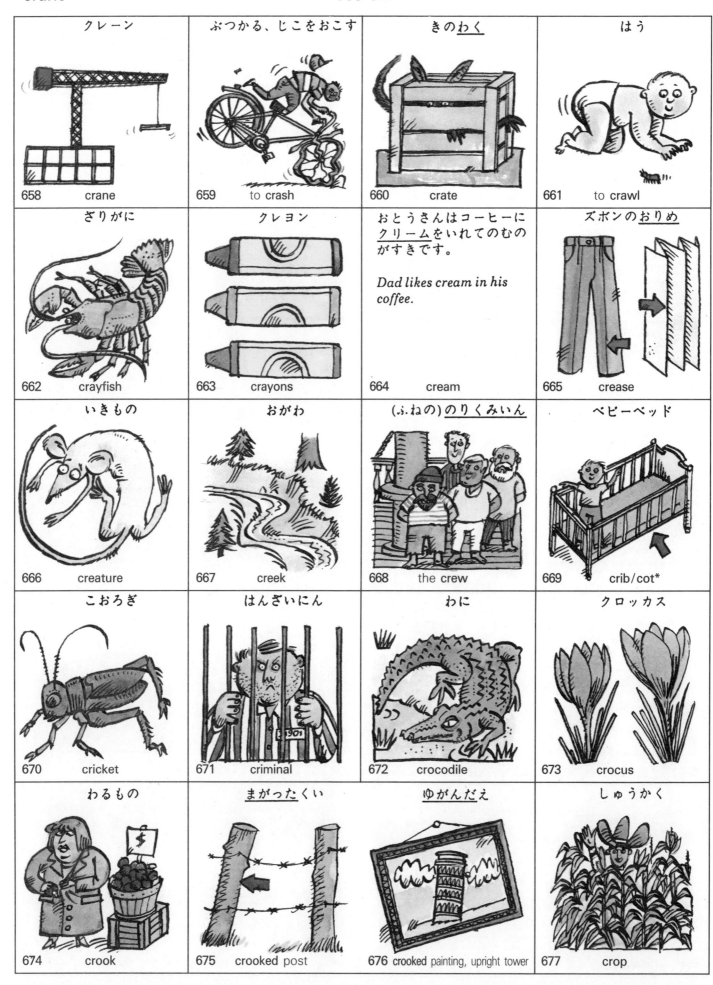

クレーン	ぶつかる、じこをおこす	きの<u>わく</u>	はう
658 crane	659 to crash	660 crate	661 to crawl

ざりがに	クレヨン	おとうさんはコーヒーに<u>クリーム</u>をいれてのむのがすきです。 *Dad likes cream in his coffee.*	ズボンの<u>おりめ</u>
662 crayfish	663 crayons	664 cream	665 crease

いきもの	おがわ	(ふねの)<u>のりくみいん</u>	ベビーベッド
666 creature	667 creek	668 the crew	669 crib/cot*

こおろぎ	はんざいにん	わに	クロッカス
670 cricket	671 criminal	672 crocodile	673 crocus

わるもの	<u>まがった</u><u>くい</u>	<u>ゆがんだえ</u>	しゅうかく
674 crook	675 crooked post	676 crooked painting, upright tower	677 crop

じゅうじか 678 cross	わたる、よこぎる 679 to cross	けす 680 to cross out	からす 681 crow
おおぜいのひと 682 A big crowd in a small space.	おうかん 683 crown	おういをさずける 684 to crown	くず 685 crumb
つぶす 686 to crush	パイのかわ 687 crust	まつばづえ 688 crutch	なく 689 to cry
すいしょうのたま 690 crystal	こぐま 691 cub	りっぽうたい、キューブ 692 cube	かっこう 693 cuckoo
きゅうり 694 cucumber	カフス 695 cuff	カップ、(お)ちゃわん 696 cup	しょっきだな 697 cupboard

ろかた 698 curb/kerb*	なおる 699 I am cured.	カールする 700 to curl	ちぢれげ、 カーリーヘアー 701 curly
こうきしんのつよい、 しりたがりや (の) 702 curious	すぐり 703 currant	ながれ 704 current	カーテン 705 curtains
カーブ 706 curve	クッション 707 cushion	おきゃくさん、 おとくいさん 708 customer	きる 709 to cut
かわいい 712 cute/sweet*	ナイフ・フォークるい 713 cutlery	じてんしゃ 714 cycle	わりこむ 710 to cut in
シリンダー 715 cylinder	シンバル 716 cymbals	いとすぎ 717 cypress	きりとる 711 to cut out

	すいせん	たんとう	まいにち(の)
D	718 daffodil	719 dagger	720 daily

にゅうぎょう、らくのう	ひなぎく、デージー	ダム	こわれた、そんしょうのある
721 dairy	722 daisy	723 dam	724 damaged

ぬれている	ダンスする	ダンサー	たんぽぽ
725 damp	726 to dance	727 dancer	728 dandelion

きけん	くらい	ダーツ	ダッシュボード
729 danger	730 dark	731 dart	732 dashboard

ひづけ	むすめ	ひ	しんだねずみ
733 date	734 daughter	735 the start of a nice day	736 dead mouse

つんぼ  737　deaf	チャックはしたしいともだちです。 あ、(お)さいふをわすれた。 *Chuck is my dear friend. Oh dear, I forgot my wallet.* 738　dear	12がつ 739　December	アシュレイは なにをきたらよいか きめられません。 *Ashley cannot decide what to wear.* 740　to decide
かんぱん、デッキ 741　deck	かざる 742　to decorate	かざり 743　decoration	ふかい 744　deep end
しか 745　deer	はいたつする 746　to deliver	へこます 747　to dent	はいしゃ 748　dentist
デパート、ひゃっかてん 749　department store	さばく 750　desert	つくえ 751　desk	デザート 752　dessert
はかいする 753　to destroy	くちくかん 754　destroyer	たんてい 755　detective	つゆ 756　dew

たいかくせん	ず	ダイヤモンド	おむつ
757 diagonal	758 diagram	759 diamond	760 diaper/nappy*

にっき	じしょ、じびき	しぬ	
761 diary	762 dictionary	763 to die	764 difference

ひるとよるとでは たいへんな **ちがい** があります。ひとはみなびょうどうであって、**さ** はまったくありません。

There is quite a difference between night and day. All people are equal, there is no difference between them.

ちがった、ことなった	ほる	しょうかする	うすぐらい
765 different people	766 to dig	767 The snake digests an elephant.	768 dim

えくぼ	ちいさいふね	しょくどう	ゆうしょく、ばんごはん
769 dimple	770 dinghy	771 dining room	772 dinner

きょうりゅう	ほうこう	ほこり	きたない、よごれた
773 dinosaur	774 direction	775 dirt	776 dirty

いけんが あわない	きえる	さいがい	はっけんする
777 to **disagree**	778 to **disappear**	779 **disaster**	780 to **discover**
ぎろんする、はなしあう	びょうき	へんそう	さら
781 to **discuss**	782 **disease**	783 **disguise**	784 **dishes**
しょうじきではないひと	さらあらいき、 しょっきあらいき	きらう	とける
785 a **dishonest** person	786 **dishwater**	787 to **dislike**	788 to **dissolve**
きょり	とおい、はなれた	ちいき	みぞ
789 **distance** between two trees	790 a **distant** tree	791 **district**	792 **ditch**
とびこむ	わける	めまいがする	どう**し**ようかな。
793 to **dive**	794 to **divide**	795 I feel **dizzy**.	796 What shall I **do**?

さんばし、ドック	いしゃ	いぬ	にんぎょう
797　dock	798　doctor	799　dog	800　doll
いるか、ドルフィン	ドーム	ろば	ドア、と
801　dolphin	802　dome	803　donkey	804　door
ドアの とって	ダブル、かえだま	ねりこ	はと
805　doorknob	806　double	807　dough	808　dove
わたげ	いねむり(を)する	いち ダース	ひきずる
809　down	810　to doze	811　dozen	812　to drag
りゅう、ドラゴン	とんぼ	はいすいぐち	えをかく
813　dragon	814　dragonfly	815　drain/plug hole*	816　to draw

はねばし 817　drawbridge	ひきだし 818　drawer
ゆめ 819　a nice **dream**	ゆめをみる 820　I **dream** of sheep.

ドレス 821　**dress**	ようふくを<u>きる</u> 822　to **dress**
たんす、ドレッサー 823　**dresser/chest of drawers***	よだれをたらす 824　to **dribble**

ひょうりゅうする
825　to **drift**

あなをあける
826　to **drill**

ドリル、きり
827　**drill**

のみもの、ドリンク
828　**drink**

たれる、したたる、おちる
830　to **drip**

うんてんする、ドライブする
831　I **drive** carefully.

うんてんしゅ、ドライバー
832　crazy **driver**

のむ
829　to **drink**

あめから <u>きりさめ</u>に なりました。

The rain has become a drizzle.

833　**drizzle**

よだれをながす
834　to **drool**

いってき
835　**drop**

おとす
836　to **drop**

よる	おいていく	とちゅうでやめる	ねむい、うとうとする
837 to drop in	838 Dad drops off the cat at the vet.	839 to drop out	840 I feel drowsy.
ドラム、たいこ	かわいている	ほす、かわかす	ドライクリーニング
841 drum	842 dry	843 to dry	844 dry cleaner
かんそうき、ドライヤー	こうしゃくふじん	あひる	けっとう
845 dryer	846 duchess	847 duck	848 duel
こうしゃく	ごみのやま	すてる	ダンプカー
849 duke	850 dump	851 to dump	852 dumptruck/lorry*
つちろう	ゆうぐれ	ほこり	こびと
853 dungeon	854 dusk	855 dust	856 dwarf

E

それぞれ
857 Each rabbit has a carrot.

わし
858 eagle

みみ
859 ear

はやい
860 early

おかねを つかうまえに まず かせがなければなりません。

You must earn money before you spend it.

861 to earn

ちきゅう
862 Earth

つち
863 earth

じしん
864 earthquake

イーゼル
865 easel

ひがし
866 east

やさしい、らく(な)
867 Swimming is easy.

たべる
868 to eat

あさごはんをたべる
869 to eat breakfast

おひるごはんをたべる
870 to eat lunch

ばんごはんをたべる
871 to eat dinner/supper*

やまびこ
872 echo

にっしょく
873 eclipse

はし
874 The tree is at the edge.

うなぎ
875 eel

たまご	なす	やっつ、はち	やっつめ、はちばんめ
876 egg	877 eggplant/aubergine*	878 eight	879 eighth
わゴム	ひじ	せんきょで だれが かちましたか。 せんきょは せっせんでした。 *Who won the election? The election was very close.*	でんきや
880 elastic	881 elbow	882 election	883 electrician
でんき	ぞう	エレベーター	おおじか
884 electricity	885 elephant	886 elevator/lift*	887 elk
にれ	はずかしがる	だきあう	ししゅう
888 elm	889 to embarrass	890 to embrace	891 embroidery
ひじょうじたい	から、からっぽ	おわり	てき
892 emergency	893 The jar is empty.	894 This is the end.	895 enemies

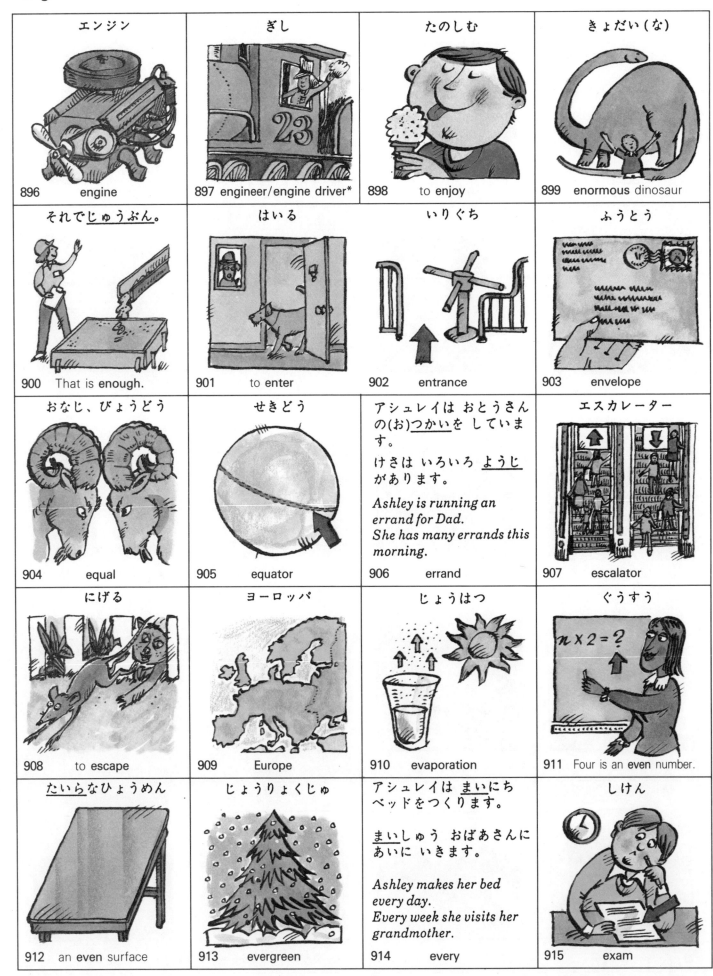

エンジン 896 engine	ぎし 897 engineer/engine driver*	たのしむ 898 to enjoy	きょだい（な） 899 enormous dinosaur
それでじゅうぶん。 900 That is enough.	はいる 901 to enter	いりぐち 902 entrance	ふうとう 903 envelope
おなじ、びょうどう 904 equal	せきどう 905 equator	アシュレイは おとうさんの(お)つかいを しています。 けさは いろいろ ようじ があります。 *Ashley is running an errand for Dad. She has many errands this morning.* 906 errand	エスカレーター 907 escalator
にげる 908 to escape	ヨーロッパ 909 Europe	じょうはつ 910 evaporation	ぐうすう $n \times 2 = ?$ 911 Four is an even number.
たいらなひょうめん 912 an even surface	じょうりょくじゅ 913 evergreen	アシュレイは まいにち ベッドをつくります。 まいしゅう おばあさんに あいに いきます。 *Ashley makes her bed every day. Every week she visits her grandmother.* 914 every	しけん 915 exam

しらべる 916 to examine	れいを あげると、わかりやすくなるものです。 *Things are easier to understand when you give an example.* 917 example	かんたんふ 918 exclamation mark	「ごめんなさい。」、「しつれい。」 919 Excuse me!
うんどうする 920 to exercise	アシュレイは「そんなものはない。」といいましたが、それは「そんなものはそんざいしない。」というみです。 *Ashley said "There is no such thing," and she meant "it does not exist."* 921 to exist	そとへでる 922 to exit/leave*	おおきくなる、ひろがる 923 to expand
おとうさんは アシュレイが いいこであることをきたいしています。 *Dad expects Ashley to be a good girl.* 924 to expect	たかい、こうか(な) 925 expensive	じっけん 926 experiment	エキスパート 927 expert
せつめいする 928 to explain	たんけんする 929 to explore	ばくはつ 930 explosion	しょうかき 931 extinguisher
め 932 eye	まゆげ 933 eyebrow	めがね 934 eyeglasses/spectacles*	まつげ 935 eyelash

	はなし、ぐうわ	かお	こうじょう
	936 fable	937 face	938 factory

しけんに しっぱいする。	こわれる	(お)まつり	ようせい
939 to fail	940 to fail	941 fair	942 fairy

あなたを しんらいしています よ。 We have faith in you.	にせもの	あき	おちる
943 faith	944 fake painting	945 fall/autumn*	946 to fall

まちがい	かぞく	ころぶ	おちる
949 false alarm	950 family	947 to fall down	948 to fall off

ゆうめいな じょゆう	せんぷうき	しゃれた、すてきな	きば
951 famous actress	952 fan	953 fancy clothes	954 fang

とおい	さようなら	のうじょう	のうふ
955 The city is **far** away.	956 Farewell !	957 farm	958 farmer
はやい	しめる	ふとっている	ちめいてき
959 fast	960 I **fasten** my seatbelt.	961 fat	962 fatal
おとうさん、ちちおや	じゃぐち	だれの<u>せい</u>かな？	ちょっと おねがいがあるんですが……。 アシュレイは、ひとに しんせつをするのがすきです。 *Can I ask you a favor ?* *Ashley likes doing people favors.*
963 father	964 faucet/tap*	965 Whose **fault** is it?	966 favor/favour*
すき(な)、きにいった	おそれる	おいわいのごちそう	はね
967 favorite/favourite*	968 to **fear** the worst	969 feast	970 feather
にがつ	たべさせる	かんじる、おもう	めす
971 February	972 to **feed**	973 I **feel** well.	974 female

さく	フェンダー	しだ	フェリー、わたしぶね
975 fence	976 fender/wing*	977 fern	978 ferry
まつり	ねつ	ひとが すこししか こない	はらっぱ
979 festival	980 fever	981 Few people came.	982 field
いつつめ、ごばんめ	けんかする、たたかう	つめを みがく	みたす、いっぱいにする
983 fifth	984 to fight	985 to file	986 to fill
フィルム	きたない	ひれ	いっぱいにする
988 film	989 filthy	990 fin	987 to fill up
ばっきん	ぼくは げんきだよ。	ゆび	しもん
991 fine	992 I am fine.	993 finger	994 fingerprint

おえる、おわる
995   to finish

もみ
996   fir

ひ
997   fire

しょうぼうしゃ
998   fire engine

ひじょうぐち
999   fire escape

はなび
1000   firecracker/banger*

しょうぼうし
1001   firefighter

だんろ
1002   fireplace

アシュレイは<u>しっかりした</u>あくしゅをします。

ペニーの<u>かいしゃ</u>は おもちゃをつくっています。

Ashley has a firm handshake.
Penny's firm makes toys.

1003   firm

いちばん、いちばんめ、
1004   first

さかな
1005   fish

さかなを<u>つる</u>
1006   to fish

つりばり
1007   fishhook

こぶし、げんこつ
1008   fist

いつつ、ご
1009   five

なおす
1010   to fix

はた
1011   flag

せっぺん
1012   flake

ほのお
1013   flame

はばたきする
1014   to flap

しょうめい	フラッシュ	フラシュライト、 かいちゅうでんとう	フラスコ
1015 flare	1016 flash	1017 flashlight/torch*	1018 flask
たいら	たいらにのばす	フレーバー、あじ	のみ
1019 flat	1020 to flatten	1021 flavor/flavour*	1022 flea
にげる	ひつじのけ、ようもう	にく	うかぶ
1023 to flee	1024 fleece	1025 flesh	1026 to float
とりのいちぐん、むれ	こうずい	ゆか	こな
1027 flock	1028 flood	1029 floor	1030 flour
ながれる	はな	りゅうかんで ねている。	ふわふわした わたげ
1031 to flow	1032 flower	1033 flu	1034 fluff

えきたい	はえ	まえたて	とぶ
1035　fluid	1036　fly	1037　fly	1038　to fly
あわ	きり	おる	ついていく
1039　foam	1040　fog	1041　to fold	1042　to follow
たべもの、しょくもつ	あし	フットボール	あしあと
1043　food	1044　foot	1045　American football	1046　footprint
あしおと	こじんはすべてのひとの ため、また、すべては こじんのためにある。 *One for all and all for one.*	ちからづくでおす	ひたい
1047　footsteps	1048　for	1049　to force	1050　forehead
もり、はやし	わたしの いぬは、じぶん のなまえを わすれます。 おとうさんは ミルクを かうのを わすれました。 *My dog forgets his name.* *Dad forgot to buy milk.*	もう うそをつかないと やくそくすれば、ゆるし てあげます。 *I forgive you if you promise* *not to tell lies from now on.*	フォーク
1051　forest	1052　to forget	1053　to forgive	1054　fork

フォークリフト

1055　forklift

じんだい、かた

1056　form/tailor's dummy*

ようさい

1057　fort

しょうめんのドアのところまで　あるいていってください。

Keep walking forward until you reach the front door.

1058　forward

かせき

1059　fossil

いやなにおい

1060　foul odor/odour*

きそ、どだい

1061　foundation

ふんすい

1062　fountain

きつね

1063　fox

はちぶん の いち

1064　fraction

こわれやすい、もろい

1065　fragile

わく、がくぶち

1066　frame

そばかす

1067　freckle

じゆう(な)

1068　free

こおる

1069　to freeze

しんせんなりんご

1070　fresh

アシュレイは　きんようびには　やきゅうのしあいにいきます。

Ashley goes to a baseball game on Fridays.

1071　Friday

れいぞうこ

1072　fridge

ともだち

1073　friends

おどかす、びっくりさせる

1074　to frighten

かえる	かせいからきました。	まえ	しも
1075 frog	1076 I am **from** Mars.	1077 front	1078 frost

しかめつらをする	くだもの、フルーツ	やく、いためる、あげる	フライパン
1079 to frown	1080 fruit	1081 to fry	1082 frying pan

ねんりょう	いっぱい	たのしむ	ぼきん
1083 Cars need **fuel**.	1084 full	1085 having **fun**	1086 charity **fund**

そうしき	ろうと、じょうご	がっこうへ いくとちゅうで おかしなことが おこりました。アシュレイは そのきのこを たべたら、(おなかが) おかしくなりました。	けがわのコート
		A funny thing happened on the way to school. Ashley felt funny after eating that mushrooom.	
1087 funeral	1088 funnel	1089 funny	1090 fur coat

ろ	かぐ	ヒューズ	けのふさふさした
1092 furnace/boiler*	1093 furniture	1094 fuse	1091 furry

1095 gale — とっぷう、おおかぜ
1096 gallery — ギャラリー、がろう
1097 to gallop — うまがかける、ギャロップ
1098 game — ゲーム
1099 gander — がちょう
1100 gang — ギャング、ぼうりょくだん
1101 gap — ギャップ、すきま
1102 garage — ガレージ、しゃこ
1103 garbage/rubbish* — ごみ
1104 garbage can/rubbish bin* — ごみいれ
1105 vegetable garden — やさいばたけ
1106 to gargle — うがいする
1107 garlic — にんにく
1108 garter — ガーター
1109 gas — あるきたいは くうきより かるいです。しょうぼうふは けむりを さけるために ガスマスク をします。 Some gases are lighter than air. Firemen wear gas masks against the smoke.
1110 gas/petrol* — ガソリン
1111 gas pedal/accelerator* — アクセル
1112 gas/petrol pump* — ガソリンポンプ
1113 gas/petrol station* — ガソリンスタンド

もん	あつめる	はぐるま、ギヤ	ほうせき
1114 gate	1115 to gather	1116 gears	1117 gem
たいしょう	きまえのよい	きのやさしい	しんし
1118 general	1119 a generous friend	1120 a gentle person	1121 gentleman
ほんもの(の)、じゅんしゅ(の)	ちり	ゼラニューム	ペットのジャービル
1122 a genuine pig	1123 geography	1124 geranium	1125 gerbil
きん、さいきん	つかまえる	とりかえす	はいる
1126 germ	1127 Get that mouse!	1128 I want to get it back.	1129 to get in the pool
おりる	のる	すてる	おきる
1130 to get off	1131 to get on	1132 to get rid of	1133 to get up

おばけ、ゆうれい	きょじん	ギフト、おくりもの	きょだい(な)
1134 ghost	1135 giant	1136 gift	1137 gigantic
くすくすわらう	えら	しょうが	ジンジャーブレッド
1138 to giggle	1139 gills	1140 ginger	1141 gingerbread
ジプシー	きりん	おんなのこ	あげる
1142 gipsy	1143 giraffe	1144 girl	1145 to give
ひょうが	うれしい	ガラス	かえしてあげる
1148 glacier	1149 I am glad.	1150 glass	1146 to give back
めがね	すべる	コップ	こうさんする
1152 glasses	1153 to glide	1151 glass	1147 I give up!

グライダー	てぶくろ	のり、せっちゃくざい	いく
1154 glider	1155 gloves	1156 glue	1157 to go
ゴール	やぎ	ゴーグル、すいちゅうめがね	おりる
1161 goal	1162 goat	1163 goggles	1158 to go down
きん	きんぎょ	ゴルフ	はいる
1164 gold	1165 goldfish	1166 golf	1159 to go in
いい、よい	さようなら	がちょう	あがる、のぼる
1167 good	1168 Goodbye!	1169 goose	1160 to go up
すぐり	ゴージャス（な）、ごうか（な）	ゴリラ	
1170 gooseberry	1171 gorgeous	1172 gorilla	1173 to govern

せいふはくにをおさめる。

くにをおさめる ということは いっけん やさしそうに みえるが、けっして やさしくは ない。

The government governs the country.
It is not as easy to govern a country as it seems.

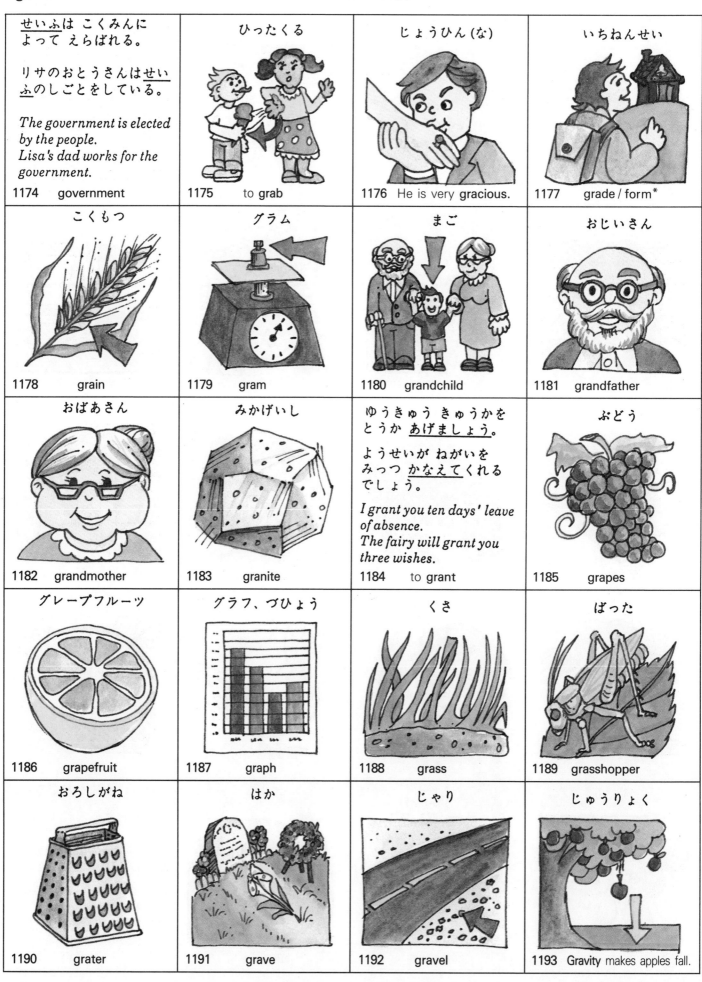

せいふは こくみんに よって えらばれる。 リサのおとうさんは<u>せいふ</u>のしごとをしている。 *The government is elected by the people.* *Lisa's dad works for the government.* 1174　government	ひったくる 1175　to grab	じょうひん（な） 1176　He is very **gracious**.	いちねんせい 1177　grade / form*
こくもつ 1178　grain	グラム 1179　gram	まご 1180　grandchild	おじいさん 1181　grandfather
おばあさん 1182　grandmother	みかげいし 1183　granite	ゆうきゅう きゅうかを とうか <u>あげましょう</u>。 ようせいが ねがいを みっつ <u>かなえて</u>くれるでしょう。 *I grant you ten days' leave of absence.* *The fairy will grant you three wishes.* 1184　to grant	ぶどう 1185　grapes
グレープフルーツ 1186　grapefruit	グラフ、づひょう 1187　graph	くさ 1188　grass	ばった 1189　grasshopper
おろしがね 1190　grater	はか 1191　grave	じゃり 1192　gravel	じゅうりょく 1193　Gravity makes apples fall.

くさをたべる	あぶら	すばらしい、とてもいい	けち(な)、よくばり(の)
1194　to graze	1195　grease	1196　a great toy	1197　greedy
みどりいろ	グリーンピース	グリーンハウス、おんしつ	あいさつする
1198　green	1199　green bean	1200　greenhouse	1201　to greet
グレイ、ねずみいろ	やく	よごれた、きたない	にやにやする
1202　grey*/gray	1203　to grill	1204　grimy	1205　to grin
ひく	つかむ	うめく	しょくりょうひんてん
1206　to grind/to mince*	1207　to grip	1208　to groan	1209　grocer
しんろう、はなむこ	ばてい	ブラシをかけてきれいにする	しょくりょうひん
1211　groom	1212　groom	1213　to groom	1210　shopping for groceries

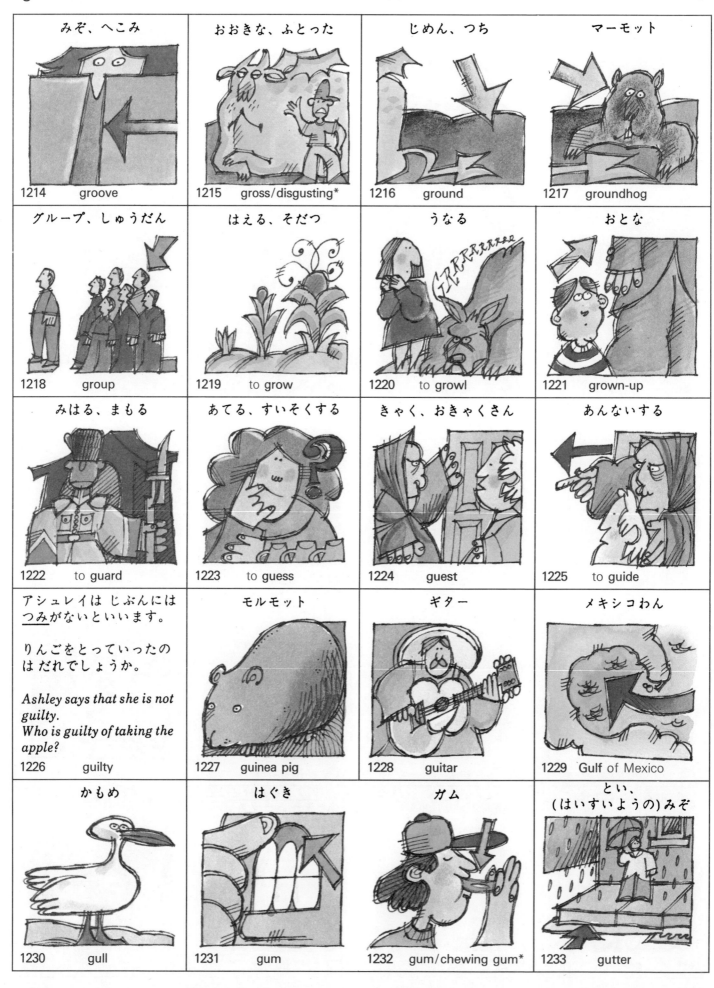

みぞ、へこみ	おおきな、ふとった	じめん、つち	マーモット
1214 groove	1215 gross/disgusting*	1216 ground	1217 groundhog

グループ、しゅうだん	はえる、そだつ	うなる	おとな
1218 group	1219 to grow	1220 to growl	1221 grown-up

みはる、まもる	あてる、すいそくする	きゃく、おきゃくさん	あんないする
1222 to guard	1223 to guess	1224 guest	1225 to guide

アシュレイは じぶんには
つみがないといいます。

りんごをとっていったの
は だれでしょうか。

Ashley says that she is not guilty.
Who is guilty of taking the apple?

1226 guilty

	モルモット	ギター	メキシコわん
	1227 guinea pig	1228 guitar	1229 Gulf of Mexico

かもめ	はぐき	ガム	とい、(はいすいようの)みぞ
1230 gull	1231 gum	1232 gum/chewing gum*	1233 gutter

	わるいしゅうかん、くせ	たら(のいっしゅ)	ひょう
	1234 bad habit	1235 haddock	1236 hail

かみのけ、け	ヘアーブラシ	びようし	ヘアードライヤー
1237 hair	1238 hairbrush	1239 hairdresser	1240 hairdryer

はんぶん	(げんかんの)ひろま、ホール	ハロウィーン	ろうか
1241 half	1242 hall	1243 Halloween/Hallowe'en*	1244 hallway/corridor*

とまる	かなづち、ハンマー	うつ	ハンモック
1245 to halt	1246 hammer	1247 to hammer	1248 hammock

ハムスター	て	だす、てわたす	ハンドブレーキ
1249 hamster	1250 hand	1251 to hand out	1252 hand brake

てじょう
1253 handcuffs

めがみえない ということ は ハンディキャップ だ。

どんな しょうがいでも のりこえることができます。

Being blind is a handicap. People can overcome any handicap.
1254 handicap

ハンドル、とって
1255 handle

てすり
1256 handrail

ハンサム (な)
1257 handsome

きような ひと
1258 handy person

えをかける
1259 to hang

しがみつく、がんばる
1260 to hang on

かくのうこ
1262 hangar

ハンガー
1263 hanger

ハンカチ
1264 handkerchief

かける、つるす
1261 to hang up

じこがおこる
1265 Accidents happen.

しあわせ (な)、こうふく (な)
1266 He is happy.

みなと
1267 harbor/harbour*

かたい
1268 hard

のうさぎ
1269 hare

きずつける、がいをあたえる
1270 to harm

ハーモニカ
1271 harmonica

ばぐ
1272 harness

ハープ	きびしいふゆ	かりいれる	ぼうし
1273 harp	1274 a harsh winter	1275 to harvest	1276 hat

たまごがかえる	おの	ひきずる、ひっぱる	おばけやしき
1277 to hatch	1278 hatchet	1279 to haul	1280 haunted house

もっている	たか	ほしぐさ	もや
1281 to have	1282 hawk	1283 hay	1284 Haze makes for a hazy day.

ヘーゼル、はしばみ	ヘーゼルナッツ	あたま	づつう
1285 hazel	1286 hazelnut	1287 head	1288 I have a headache.

ヘッドレスト	なおる	げんき(な)、けんこう(な)	ごみのやま
1289 headrest	1290 to heal	1291 healthy flower	1292 heap/pile*

こえが<u>きこえる</u>	しんぞう	あたためる	ヒーター
1293 I **hear** a voice.	1294 **heart**	1295 to **heat**	1296 **heater**/radiator*
もちあげる	てんごく	<u>おもいぞう</u>	かきね
1297 to **heave**	1298 **heaven**	1299 one **heavy** elephant	1300 **hedge**
はりねずみ	かかと	ヘリコプター	じごく
1301 **hedgehog**	1302 **heel**	1303 **helicopter**	1304 **hell**
こんにちは。	かじ	ヘルメット	たすける、てつだう
1305 **hello**	1306 **helm**	1307 **helmet**	1308 to **help**
むりょく(な)	すそ、へり	はんきゅう	めんどり
1309 **helpless**	1310 **hem**	1311 **hemisphere**	1312 **hen**

しちかっけい、ななかっけい	やくそう	うしの<u>むれ</u>	<u>ここ</u>にいらっしゃい！
1313 heptagon	1314 herbs	1315 herd	1316 Come here!
よすてびと	えいゆう、ヒーロー	ヒロイン	にしん
1317 hermit	1318 hero	1319 heroine	1320 herring
ためらう、ちゅうちょする	ろっかっけい	とうみんする	しゃっくりがでる
1321 to hesitate	1322 hexagon	1323 to hibernate	1324 to hiccup/hiccough*
どうぶつの<u>かわ</u>	かくれる	かくれば	<u>たかい</u>やま
1325 hide	1326 to hide	1327 hiding-place	1328 a high mountain
<u>こうそう</u>けんちく	こうとうがっこう、こうこう	ハイウェイ	ハイジャックする
1329 highrise/tower block*	1330 high school/secondary school*	1331 highway/motorway*	1332 to hijack a plane

おか	ちょうつがい、とめがね	うしろあし	こし、ヒップ
1333 hill	1334 hinge	1335 hind legs	1336 hand on hip

かば	れきし	うつ、たたく	はちのす
1337 hippopotamus	1338 I study history.	1339 to hit	1340 hive

ためこむ	がらがらごえ	しゅみ	アイスホッケー
1341 to hoard	1342 hoarse voice	1343 hobby	1344 hockey/ice hockey*

くわ	だく、もつ	おさえつける	パック
1347 hoe	1348 to hold	1349 to hold down	1345 hockey puck

あな	やすみ、さいじつ、きゅうじつ	くうどう、うろ	スティック
1350 hole	1351 holiday	1352 hollow tree	1346 hockey stick

ひいらぎ	しんせいなうし	いえにいる	しゅくだい
1353 holly	1354 a holy cow	1355 home	1356 homework

しょうじき(な)	はちみつ	(こけいの)はちみつ	ハニーデュー・メロン
1357 Is he honest?	1358 honey	1359 honeycomb	1360 honeydew melon

クラクションをならす	めいよ、えいよ	フード	ボンネット、フード
1361 to honk	1362 honor/honour*	1363 hood	1364 hood/bonnet*

ひづめ	つりばり、かぎばり	フープ、わ	ぴょんぴょんとぶ
1365 hoof	1366 hook	1367 jump through a hoop	1368 to hop

きぼうする	きぼうがない	いしけりゲーム	ちへいせん
1369 I hope to win.	1370 hopeless	1371 hopscotch/hop-scotch*	1372 horizon

すいへいの	けいてき	ホルン	つの
1373 horizontal	1374 horn	1375 French horn	1376 horn

すずめばち	うま	せいようわさび	ていてつ
1377 hornet	1378 horse	1379 horseradish	1380 horseshoe

ホース	びょういん	あつい	からい
1381 hose	1382 hospital	1383 hot	1384 hot

ホテル	じかん	すなどけい	とうがらし
1386 hotel	1387 hour	1388 hourglass	1385 hot pepper

いえ、うち	ホーバークラフト	どうするか おしえて あげる。	とおぼえ
1389 house	1390 hovercraft	1391 I will show you how.	1392 to howl

ホイールキャップ	ハックルベリー、こけもも	みをかがめる	きょだい(な)、おおきな
1393　hub cap	1394　huckleberry	1395　to huddle	1396　huge

せんたい	はちどり	らくだのこぶ	ひゃく
1397　hull	1398　hummingbird	1399　hump	1400　hundred

おなかがすいている	かりをする	なげる	ハリケーン、ぼうふう
1401　She is hungry.	1402　to hunt	1403　to hurl	1404　hurricane

いそぐ	てくびがいたい	おっと、しゅじん	こや
1405　to hurry	1406　My wrist hurts.	1407　husband	1408　hut

しょっきだな	ヒヤシンス	さんびか	ハイフンとは、ことばとことばをむすぶ みじかいせんのことです。 Hyphens are short lines between words.
1409　hutch/sideboard*	1410　hyacinth	1411　hymn	1412　hyphen

	アイス、こおり	アイスクリーム	ひょうざん
	1413 ice	1414 ice cream	1415 iceberg

つらら	アイシング	アイディア、かんがえ	まったくおなじ
1416 icicle	1417 icing	1418 idea	1419 identical twins

ばか、はくち	ぶらぶらしている	もしかうことができれば、あなたにかってあげるんですが…。 *I would buy it for you if I could.*	イグルー
1420 idiot	1421 idle	1422 if	1423 igloo

イグニッション・キー	びょうき	てらす	ほんのなかのえを きしえ といいます。 このじびきには きしえが たくさんあります。 *Pictures in a book are called illustrations. This dictionary has many illustrations.*
1424 ignition key	1425 ill	1426 to illuminate	1427 illustration

アシュレイにとってたいせつなことは、ジャックにとってじゅうようなことかもしれません。 *What is important to Ashley may not be important to Jack.*	トニーさんは いますか。 みずうみに とびこみなさい。 *Is Tony in ?* *Go jump in the lake !*	(お)こう	インチ
1428 important	1429 in	1430 incense	1431 inch

ほんの うしろに さくいん
が あります。
インデックスには じしょ
に でてくる ことばが ぜん
ぶ ふくまれています。

*There is an index at the
back of this book.
The index contains all the
words in the dictionary.*

1432   index

あいいろ

1433   indigo

おくない、しつない

1434   indoors

ちのみご、ようじ

1435   infant

かんせん、でんせん

1436   infection

でんせんびょうに かかり
ますよ。

ときどき わらいは うつり
ます。

*You could catch an
infectious disease.
Sometimes laughter is
infectious.*

1437   infectious

しらせる、おしえる

1438   to inform

くまは ほらあなに
すんでいる。

1439   The bear **inhabits** a cave.

イニシャル、かしらもじ

1440   initials

ちゅうしゃ

1441   injection

けが

1442   injury

インク

1443   ink

こんちゅう

1444   insect

はこのなか

1445   inside

いいはる、
しゅちょうする

1446   to insist

しらべる、けんさする

1447   to inspect

フォークの かわりに
スプーンを つかう。

1449 Use a spoon **instead** of a fork!

つかいかたの せつめい、
しじ

1450   instruction

こうし、せんせい

1451   instructor

けいぶ

1448   inspector

でんせんのまわりには
ひとが さわっても
かんでんしないように
ぜつえんたいが まいて
あります。

There is insulation around
the wires so people will not
get a shock.

1452　insulation

こうさてん

1453　intersection/crossroads*

インタビュー、めんせつ

1454　interview

へやの なかに はいる

1455　into the room

しょうかいする

1456　to introduce

しんにゅうする

1457　to invade

びょうにん

1458　invalid

はつめいする

1459　to invent

めにみえない

1460　invisible

しょうたい

1461　invitation

しょうたいする、まねく

1462　He is inviting her.

あやめ、アイリス

1463　iris

アイロンをかける

1464　to iron

アイロン

1465　iron

てっかめん

1466　iron mask

しま

1467　island

アシュレイは うでにはっ
しんが できてかゆいです。

The rash on Ashley's arm
makes her skin itch.

1468　itch

かく

1469　to itch

かゆい

1470　My skin is itchy.

つた

1471　ivy

	つっつく	うわぎ、ジャケット	ほんの<u>カバー</u>
	1472 to jab	1473 jacket	1474 dust jacket
ぎざぎざ	けいむしょ、かんごく	ジャム	おしこむ、つめこむ
1475 jagged edge	1476 jail/gaol*	1477 jam	1478 to jam
いちがつ	びん	あご	ジーパン、ジーンズ
1479 January	1480 jar	1481 jaw	1482 jeans
ジープ	ゼリー	ジェットエンジン	ジェットき
1483 jeep	1484 jelly	1485 jet engine	1486 jet plane
ほうせき	ジグソーパズル	<u>しごと</u>をする	ふきだし
1488 jewel	1489 jigsaw puzzle	1490 doing a job	1487 jet of water

きしゅ、ジョッキー	ジョギングする	あわせる、つける	かんせつ
1491 jockey	1492 to jog	1493 to join	1494 joint

じょうだん、ジョーク	はんじ、さいばんかん	てじなし	ジュース
1495 joke	1496 judge	1497 juggler	1498 juice

しちがつ	ジャンプする、とぶ	とびこむ	とびのる
1499 July	1500 to jump	1501 to jump in	1502 to jump on

ちょうやくのせんしゅ	ジャンパー	ジャンパーケーブル	ろくがつ
1503 jumper	1504 jumper/pinafore*	1505 jumper cables/jump leads*	1506 June

ジャングル	ジャンク	がらくた、くず	
1507 jungle	1508 junk	1509 junk	

アシュレイは <u>ちょうど</u> うちに かえったところ です。

はんじは <u>ただしいひと</u> です。

Ashley just got home.
The judge is a just person.

1510 just

	ひゃくしょくめがね まんげきょう	カンガルー	（ふねの）キール
K	1511 kaleidoscope	1512 kangaroo	1513 keel

いぬごや	とうもろこしの<u>つぶ</u>	やかん	かぎ
1514 kennel	1515 kernel	1516 kettle	1517 key

キックする、ける	こども	こやぎ	ゆうかいする
1518 to **kick**	1519 **kid**	1520 **kid**	1521 to **kidnap**

じんぞう	ころす	<u>かま</u>でやく	キログラム
1522 kidney	1523 to kill	1524 kiln	1525 kilogram

キロメートル	スコットランドの<u>キルト</u>	ドレスはようふくの <u>しゅるい</u>	<u>しんせつな、やさしい</u> おんなのこ
1526 kilometer/kilometre*	1527 kilt	1528 A dress is a **kind** of garment.	1529 **kind** girl

おう、おうさま	かわせみ	キオスク、ばいてん	にしんのくんせい
1530 king	1531 kingfisher	1532 kiosk	1533 kippers

キスする、せっぷんする	キス	キッチン、だいどころ	たこをあげる
1534 to kiss	1535 kiss	1536 kitchen	1537 kite

こねこ	キーウィ	ひざ	ひざをつく
1538 kitten	1539 kiwi	1540 knee	1541 to kneel

ナイフ	あむ	ドアのとって	ドアをノックする、たたく
1542 knife	1543 to knit	1544 knob	1545 to knock

なわのむすびめ	このことばのいみを しっていますか？ アシュレイは フランスご をよく しっています。 *Do you know what this word means ? Ashley knows French well.*	ゆびのかんせつ	コアラはオーストラリア にすんでいる。
1546 knot	1547 to know	1548 knuckle	1549 koala bear

	ラベル	ラボ、じっけんしつ	レースのえり
L	1550 label	1551 laboratory	1552 lace
はしご	ひしゃく	じょせい、ふじん	(くつの)ひもをむすぶ
1554 ladder	1555 ladle	1556 lady	1553 to lace
てんとうむし	レディフィンガー (おかしのなまえ)	(けものの)すみか	みずうみ
1557 ladybug/ladybird*	1558 ladyfingers	1559 lair	1560 lake
こひつじ	フロシーはびっこを ひいている	ランプ	がいとう
1561 lamb	1562 lame	1563 lamp	1564 lamp-post
やり	りく	ちゃくりくする	かいだんのおどりば
1565 lance	1566 land	1567 to land	1568 landing

このアパートは おおやさんのものです。

まいつきおおやさんにやちんをはらいます。

This apartment belongs to our landlord.
We pay our landlord rent every month.

1569 landlord

しゃせん

1570 lane

なんかこくご はなせますか。

アシュレイは がいこくのことばが ならいたいです。

How many languages can you speak ?
Ashley wants to learn a foreign language.

1571 language

てさげランプ

1572 lantern

あかちゃんをひざにのせる。

1573 lap

からまつ

1574 larch

ラード

1575 lard

おおきい、おおきな

1576 large

ひばり

1577 lark

ながいまつげ

1578 lash

さいごのひときれ

1579 the last piece

あるものはよくもつ。

1580 Some things do last.

かけがねをかける

1581 to latch

きみ、ちこくだよ。

1582 You are late.

せっけんのあわ

1583 lather

わらう

1584 to laugh

ランチ、モーターボート

1585 launch

はっしゃする

1586 to launch

はっしゃだい

1587 launchpad

よごれたせんたくもの

1588 laundry/washing*

せんたくば 1589　laundry/launderette*	ラベンダー 1590　lavender

ほうりつにしたがえ。
1591　Obey the law!

しばふ
1592　lawn

タイルを<u>はる</u>
1594　to lay tiles

かさねる
1595　layer upon layer

なまけもの
1596　He is lazy.

しばかりき
1593　lawn mower

うまを<u>リードする</u>
1597　to lead

リーダー、しどうしゃ
1598　leader

は、はっぱ
1599　leaf

このバケツは<u>もる</u>
1600　to leak

かたむく
1601　to lean

よみかたを<u>ならう</u>
1602　I learn to read.

いぬの<u>くさり</u>
1603　leash/lead*

くつは<u>かわ</u>でできている。
1604　Shoes are made of leather.

おく
1605　to leave

でる
1606　to leave

まどの<u>つきだし</u>
1607　ledge of a window

リーク
1608　leek

ひだり	ひだりきき	あし	でんせつ
1609 left	1610 He is **left-handed**.	1611 **leg**	1612 **legend**
レモン	レモネード	このほんを かして あげましょう。	レンズ
1613 **lemon**	1614 **lemonade**	1615 to **lend**	1616 **lens**
ひょう	レオタード	すくない	レッスン
1617 **leopard**	1618 **leotard**	1619 There is **less** here.	1620 **lesson**
はなして！	アルファベットの もじ	てがみをかく	レタス
1621 **Let** me go!	1622 **letter** of the alphabet	1623 **letter**	1624 **lettuce**
たいらなひょうめん	てこ、レバー	うそつき	としょかん、としょしつ
1625 **level** surface	1626 **lever**	1627 **liar**	1628 **library**

ナンバー・プレート
1629   licence plate/number plate*

なめる
1630   to lick

ふた
1631   lid

うそをつく
1632   to lie

じんせいは はじまった ところ。
1634   life

きゅうめいボート
1635   lifeboat

もちあげる
1636   to lift

よこになる
1633   to lie down

でんきをつける
1637   light/table lamp*

ろうそくにひをつける
1638   to light

でんきゅう
1639   lightbulb

にを かるくする
1640   She lightens the load.

とうだい
1641   lighthouse

かみなり
1642   lightning

ひらいしん
1643   lightning rod

シャロンはねこがすき。
1644   to like

ソフィアはあした きそう もありません。

ありそうな はなしです。

Sophia is not likely to come tomorrow.
That is a likely story.

1645   likely

ライラック
1646   lilac

ゆり
1647   lily

おおきなえだ
1648   limb

ライム 1649 lime	スピードせいげんは50キロです。 ジョーのしんせつには<u>かぎり</u>がありません。 *The speed limit is 50 kilometers per hour. There is no limit to Joe's kindness.* 1650 limit	<u>びっこをひく</u> 1651 to limp	まっすぐな<u>せん</u> 1652 line
リネン 1653 linen	ていきせん 1654 liner	うらあて 1655 lining	うでをくむ 1656 to link
せんいくず 1657 lint	ライオン 1658 lion	くちびる 1659 lips	くちべに 1660 lipstick
えきたい 1661 liquid	リスト 1662 list	みんな<u>きいている</u>。 1663 They are listening.	リットル 1664 liter/litre*
ちらかさないで！ 1665 to litter	<u>ちいさなりんご</u> 1666 a little apple	アシュレイはまちに<u>すん</u>でいます。 つきに<u>すむ</u>のは むずかしいでしょう。 *Ashley lives in the city. It would be difficult to live on the moon.* 1667 to live	げんきがいい、かっぱつ（な） 1668 lively

いま 1669 living room/lounge*	とかげ 1670 lizard	たいほうに <u>たまをこめる</u> 1671 to load	トラックに <u>にをつむ</u> 1672 to load
パン 1673 loaf	コリンは アシュレイに おかねを <u>かしました。</u> *Colin loaned money to Ashley.* 1674 to loan/lend*	いせえび、ロブスター、 1675 lobster	<u>かぎをかける</u> 1676 to lock
きかんしゃ 1678 locomotive	いなご、ばった 1679 locust	やまごや、ロッジ 1680 lodge/chalet*	じょう 1677 lock
やねうら 1681 loft	まるた 1682 log	ロリーポップ 1683 lollipop	さびしい 1684 lonely
きりんの くびは <u>ながい。</u> 1685 long	みる、ながめる 1686 to look	<u>はたで</u> スカーフをおる 1687 loom	なわの<u>わ</u> 1688 loop

loose   1689-1708

ゆるい	てぶくろをなくす	ローション	おおきなおと
1689 loose	1690 to lose	1691 lotion	1692 loud

かくせいき	やすむ、なまける	あいはすべてだと アシュレイは いいます。 Ashley says that love is everything.	あいする
1693 loudspeaker	1694 to lounge	1695 love	1696 to love

うつくしい、すばらしい	ひくいところにあるえだ	さげる	おてんきがよくてほんとうにこううんでした。 なんてうんがいいんでしょう。 We were really lucky to have such nice weather. How lucky you are!
1697 lovely	1698 low branch	1699 to lower	1700 lucky

にもつ	なまぬるいおゆ	こもりうた	もくざい
1701 luggage	1702 lukewarm water	1703 lullaby	1704 lumber/timber*

こぶ	ランチ、べんとう	べんとうばこ	はい
1705 lump	1706 lunch	1707 lunchbox	1708 lung

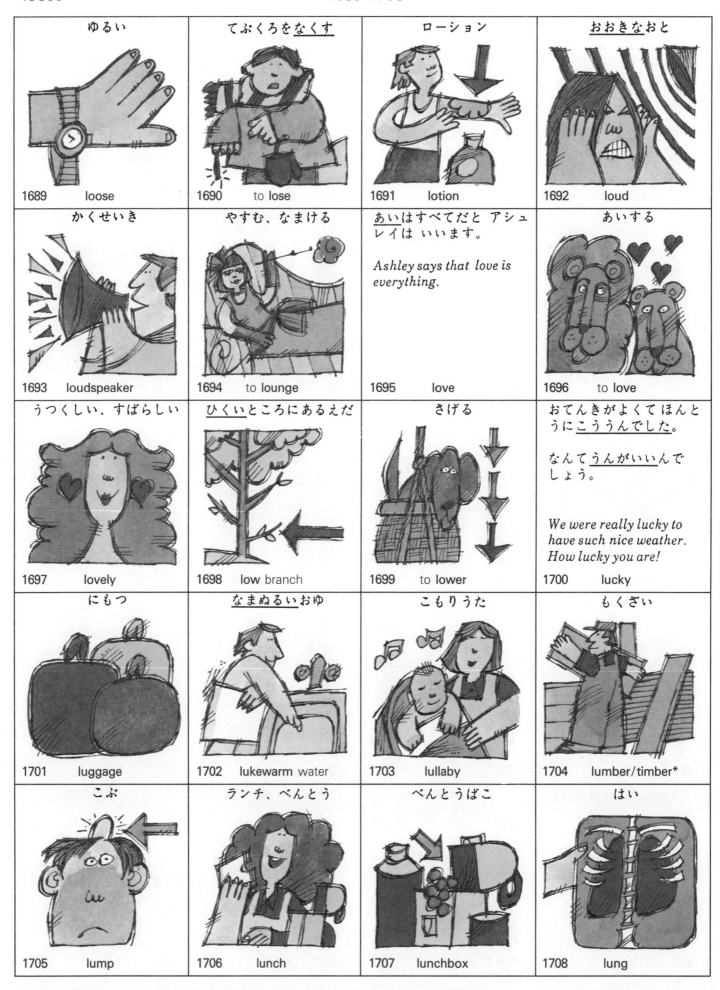

	ざっし	うじ	まほう
M	1709 magazine	1710 maggot	1711 magic

じしゃく	りっぱ (な)	むしめがね、かくだいきょう	てじなし
1713 magnet	1714 magnificent	1715 magnifying glass	1712 magician

かささぎ	ゆうびんでてがみをだす	ゆうびんはいたつ	つくる
1716 magpie	1717 to mail/post*	1718 mail carrier/postman*	1719 to make

(お)けしょう	おす	つち	だんせい、おとこのひと
1720 makeup	1721 male	1722 mallet	1723 man

みかん	マンドリン	たてがみ	マンゴー
1724 mandarin	1725 mandolin	1726 mane	1727 mango

れいぎただしい
ぎょうぎがいい
1728 He has good manners.

たくさん
1729 many

ちず
1730 map

だいりせき
1731 marble

こうしんする
1733 to march

さんがつ
1734 March

(めすの)うま
1735 mare

ビーだま
1732 marbles

マリーゴールド
1736 marigold

マークする、
さいてんする
1737 to mark

いいてんすうをもらう
1738 mark

マーケット
1739 market

けっこんする
1740 to marry

ぬま、しっち
1741 marsh

じゃがいもをつぶす
1742 to mash potatoes

(お)めん
1743 mask

しつりょう
1744 mass

マスト
1745 mast

マスターする、おぼえる
1746 to master

テニスのしあい
1747 match

マッチ	さんすう、すうがく	ゴーディはどうかしたんですか？ なんでもないんですよ。 かなしそうにみえるだけです。 *What is the matter with Gordie?* *Nothing is the matter with him. He just looks sad.*	マットレス
1748 match	1749 mathematics	1750 matter	1751 mattress
ごがつ	たぶんアシュレイはいえにいるべきでしょう。 たぶんトムがしゅくだいを てつだってくれるでしょう。 *Maybe Ashley should stay home.* *Maybe Tom could help her do her homework.*	しちょう	めいろ
1752 May	1753 maybe	1754 mayor	1755 maze
くさはら	ひばり	しょくじ	いじのわるいひと
1756 meadow	1757 meadowlark	1758 meal	1759 mean person
はしか	はかる	にく	メカニック
1760 measles	1761 to measure	1762 meat	1763 mechanic
メダル	くすり	ちゅうぐらい(の)	ともだちに あう
1764 medal	1765 medicine	1766 medium	1767 to meet

かい、かいぎ、かいごう
1768   meeting

メロン
1769   melon

こおりが<u>とける</u>
1770   to melt

クラブの<u>メンバー</u>は
よにん。
1771   Our club has four members.

メニュー
1772   menu

てんこうに さゆうされる。

わるものは だれにも
じょうをしめしません
でした。

*We are at the mercy of the
weather.*
*The bandits showed no
mercy to anyone.*
1773   mercy

にんぎょ
1774   mermaid

<u>ようき</u>なひと
1775   merry

ほんとうに<u>めちゃくちゃ</u>
1776   a real mess

でんごん
1777   message

ししゃ
1778   messenger

<u>きんぞく</u>でできている
1779   metal

いんせき
1780   meteorite

メーター
1781   meter

1<u>メートル</u>=やく40インチ
1782   meter/metre*

アシュレイは はやく
おぼえる<u>ほうほう</u>をしっ
ています。

*Ashley has a method to
learn quickly.*
1783   method

メトロノーム
1784   metronome

マイク
1785   microphone

けんびきょう
1786   microscope

でんしレンジ
1787   microwave oven

まひる、しょうご	まんなか
1788 midday	1789 in the middle

こびと	まよなか
1790 midget	1791 midnight

1マイルは 1.6キロメートルです。 *One mile equals 1.6 kilometers.* 1792 mile	ミルク、ぎゅうにゅう 1793 milk

せいふんじょ、すいしゃごや	こころ、せいしん
1794 mill	E=MC² 1795 mind

こうざん	こうふ
1796 mine	1797 miner

こうぶつ	はや
1798 minerals	1799 minnow

ミント	マイナス
1800 mint	7-5=2 1801 minus

いちじかんは ろくじゅっぷん。	きせき
1802 minute	1803 miracle

しんきろう	かがみ
1804 mirage	1805 mirror

けち、けちんぼ	かぞくが こいしい。
1806 miser	1807 to miss

ミサイル	きり、もや	やどりぎ	てぶくろ
1808 missile	1809 mist	1810 mistletoe	1811 mittens

まぜる、ミックスする	ミキサー	(お)ほり	まねる、ばかにする
1812 to mix	1813 mixer	1814 moat	1815 to mock

つぐみ	もけいひこうき	モダンないす	しめっている
1816 mockingbird	1817 model airplane/aeroplane*	1818 modern chair	1819 moist

もぐら	ほくろ	ちょっと、しょうしょう	げつようびにはアシュレイは はやおきします。
			On Mondays Ashley gets up early.
1820 mole	1821 mole	1822 One moment please.	1823 Monday

おかね	さる	モンクフィッシュ	かいぶつ、モンスター
1824 money	1825 monkey	1826 monkfish	1827 monster

じゅうにかげつ	きねんひ	きげんがいい	きげんがわるい
1828 month	1829 monument	1830 He is in a good mood.	1831 He is in a bad mood.
つき	ムース	あさ	にゅうばちとにゅうぼう
1832 moon	1833 moose	1834 morning	1835 mortar and pestle
モザイク	か	こけ	ははおや、おかあさん
1836 mosaic	1837 mosquito	1838 moss	1839 mother
モーター	オートバイ	ゼリーのかた	こやま
1840 motor	1841 motorcycle	1842 mould*/mold	1843 mound
うまにのる	やま	はつかねずみ	くちひげ
1844 to mount	1845 mountain	1846 mouse	1847 moustache*/mustache

くち 1848 mouth	かたつむりはゆっくり うごく。 1849 to move	うんどう 1850 movement	えいがかん 1851 movie/film*
しばを<u>かる</u> 1852 to **mow** the lawn	わたしには <u>おおすぎる</u> 1853 too **much** for me	どろ 1854 mud	ろば 1855 mule
かける、かけざんする 1856 multiply	おたふくかぜ 1857 mumps	ころす 1858 to murder	きんにく 1859 muscle
はくぶつかん 1860 museum	きのこ 1861 mushroom	おんがく 1862 music	おんがくか 1863 musician
ムールがい 1864 mussel	とびこま<u>なければ</u> <u>いけない</u> 1865 You **must** jump.	からし 1866 mustard	くちわ 1867 muzzle

N

くぎ

1868   nail

つめ
1869   fingernail

つめきり
1870   nail clipper

はだか
1872   naked

なまえは ......。
1873   My name is...

ナプキン
1874   napkin/serviette*

くぎをうつ
1871   to nail

せますぎて とおれない
1875   too narrow to pass

くに
1876   nation

くだものには しぜんの とうぶんが ふくまれています。

Fruit contains natural sugar.

1877   natural

しぜんは うつくしい。
1878   nature

いたずら
1879   She is naughty.

そうじゅうする
1880   to navigate

ちかい
1881   near

きちんとした、
かっこ (うの) いい
1882   neat

ひつよう
1883   Not pleasant, but necessary.

くび
1884   neck

ネックレス
1885   necklace

はなのみつ
1886   nectar

ネクタリン

1887   nectarine

さばくでは みずが なに
よりも ひつようです。

*There is a great need for
water in the desert.*

1888   need

すいぶんが いる。

1889   I need water.

はり

1890   needle

むしする、
あいてにしない

1891   He **neglects** his dog.

うまが いななく

1892   to neigh

となりのひと

1893   neighbors/neighbours*

どれも あわない

1894   **neither** one fits

ネオンサイン

1895   neon sign

おい

1896   My **nephew** is my brother's son.

しんけい

1897   nerve

ロンは しんけいしつだ。

1898   nervous

す

1899   nest

いらくさ

1900   nettle

ひあそびは ぜったいに
しないこと。

1901   **Never** play with fire!

あたらしい

1902   new

このしんぶんに きょうの
ニュースが のっています。

いい ニュースが あります
よ。

*This paper has today's
news.
I have good news for you.*

1903   news

しんぶん

1904   newspaper

つぎ どうぞ。

1905   Next !

くるみを すこしずつ
かむ。

1906   to **nibble**

いいこ

1907   nice

ニッケル

1908   nickel

なまえはアシュレーです
が、ニックネームは
スポッツです。

Her name is Ashley but her nickname is Spots.

1909   nickname

めい

1910   My **niece** is my brother's daughter.

よる

1911   night

うぐいす

1912   nightingale

わるいゆめ、あくむ

1913   nightmare

ここのつ、きゅう、く

1914   nine

こたえは「いいえ」。

1916   no

ガラハドこうは みぶんが
たかくて、かんだいなひ
とでした。

Sir Galahad was a noble and generous person.

1917   noble

きぞく

1918   nobleman

ここのつめ、
きゅうばんめ

1915   ninth

ここには だれもいない。

1919   nobody

うるさいおと

1920   noise

しょうご

1921   noon

きた

1922   north

はな

1923   nose

くるみ

1924   nuts

くるみわり

1925   nutcracker

ナイロン

1926   nylon stockings/tights*

かしのき
1927 oak

オール
1928 oar

オアシス
1929 oasis

ちょうほうけい
1930 oblong

かんさつする
1931 to observe

たいかい、たいよう
1932 ocean

はっかっけい
1933 octagon

じゅうがつ
1934 October

たこ
1935 octopus

オドメーター
1936 odometer/milometer*

におい
1937 odor/odour*

でんきが きえています。

キャシーはコートを
ぬぎます。

The light is off.
Cathy takes off her coat.

1938 off

かいたいと もうしでる
1939 to offer

しょうこう
1940 officer

ろくがつには あめが
よくふります。

アシュレイは たびたび
しつもんします。

It often rains in June.
Ashley often asks
questions.

1941 often

あぶら
1942 oil

ぬりぐすり
1943 ointment

としをとったひと、
ろうじん
1944 old

オリーブ
1945 olive

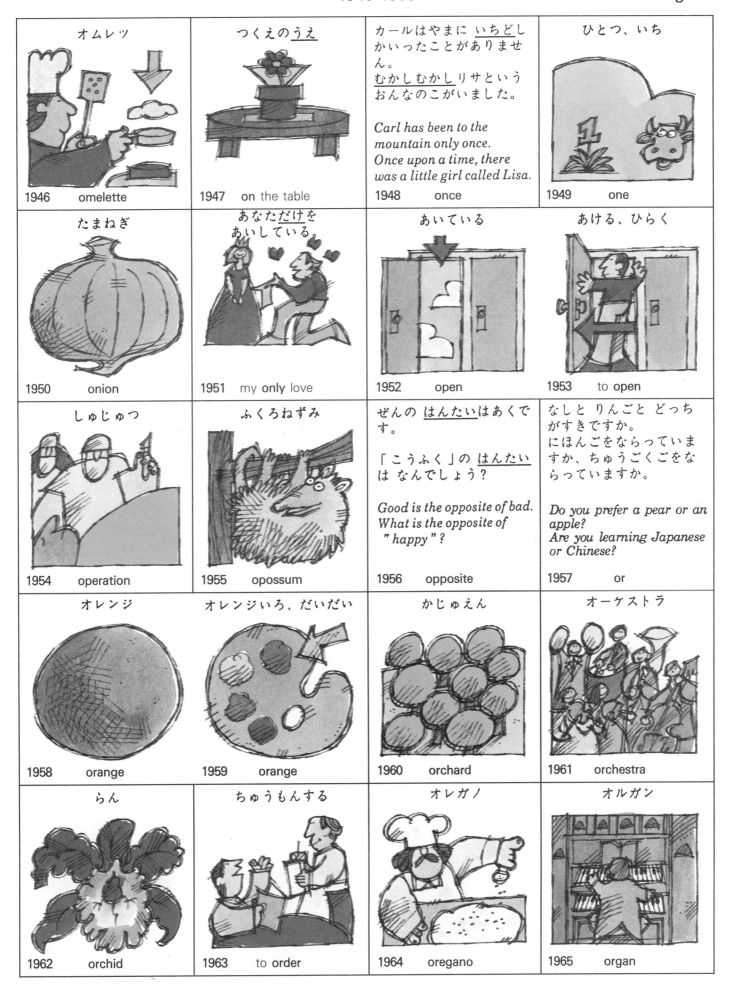

オムレツ 1946 omelette	つくえの<u>うえ</u> 1947 on the table	カールはやまに <u>いちど</u>し かいったことがありません。 むかしむかし リサという おんなのこがいました。 *Carl has been to the* *mountain only once.* *Once upon a time, there* *was a little girl called Lisa.* 1948 once	ひとつ、いち 1949 one
たまねぎ 1950 onion	あなた<u>だけ</u>を あいしている。 1951 my only love	あいている 1952 open	あける、ひらく 1953 to open
しゅじゅつ 1954 operation	ふくろねずみ 1955 opossum	ぜんの <u>はんたい</u>はあくで す。 「こうふく」の <u>はんたい</u> は なんでしょう? *Good is the opposite of bad.* *What is the opposite of* *"happy"?* 1956 opposite	なしと りんごと どっち がすきですか。 にほんごをならっていま すか、ちゅうごくごをな らっていますか。 *Do you prefer a pear or an* *apple?* *Are you learning Japanese* *or Chinese?* 1957 or
オレンジ 1958 orange	オレンジいろ、だいだい 1959 orange	かじゅえん 1960 orchard	オーケストラ 1961 orchestra
らん 1962 orchid	ちゅうもんする 1963 to order	オレガノ 1964 oregano	オルガン 1965 organ

うぐいす	こじ、みなしご	だちょう	かわうそ
1966 oriole	1967 orphan	1968 ostrich	1969 otter

1ポンドは 16オンス。	そと、やがい	いでたち、かっこう	だえんけい、たまごがた
1970 ounce	1971 outdoors	1972 outfit	1973 oval

オーブン	ひとがおちたぞ！	オーバー	あふれる
1974 oven	1975 Man overboard!	1976 overcoat	1977 to overflow

オーバーシューズ	ひっくりかえる	せんせいには けいいを ひょうすべきです。 しゃっきんは しないほう がいいです。 *You owe respect to your teacher.* *It is best not to owe any money.*	ふくろう
1978 overshoe	1979 to overturn	1980 to owe	1981 owl

このいえはわたしたちの もちいえです。 みずうみに コテージを もっています。 *We own our house.* *They own a cottage on a lake.*	(おすの)うし	さんそ	かき
1982 to own	1983 ox	1984 oxygen	1985 oyster

P

カバンに <u>つめる</u>	つつみ	メモ<u>ようし</u>
1986 to pack	1987 package	1988 pad

かい、オール	オールで <u>こぐ</u>	かぎ、じょう	パット
1990 paddle	1991 to paddle	1992 padlock	1989 pad

ページ	バケツ	ペンキ	ペンキ<u>ぬりたて</u>
1993 page	1994 pail	1996 paint	1997 wet paint

いたみ	ペンキや	ペンキを<u>ぬる</u>	ペンキようの<u>はけ</u>
1995 pain	2000 painter	1998 to paint	1999 paintbrush

え	くつ <u>いっそく</u>	きゅうでん	いろが<u>うすい</u>
2001 painting	2002 a pair of shoes	2003 palace	2004 pale

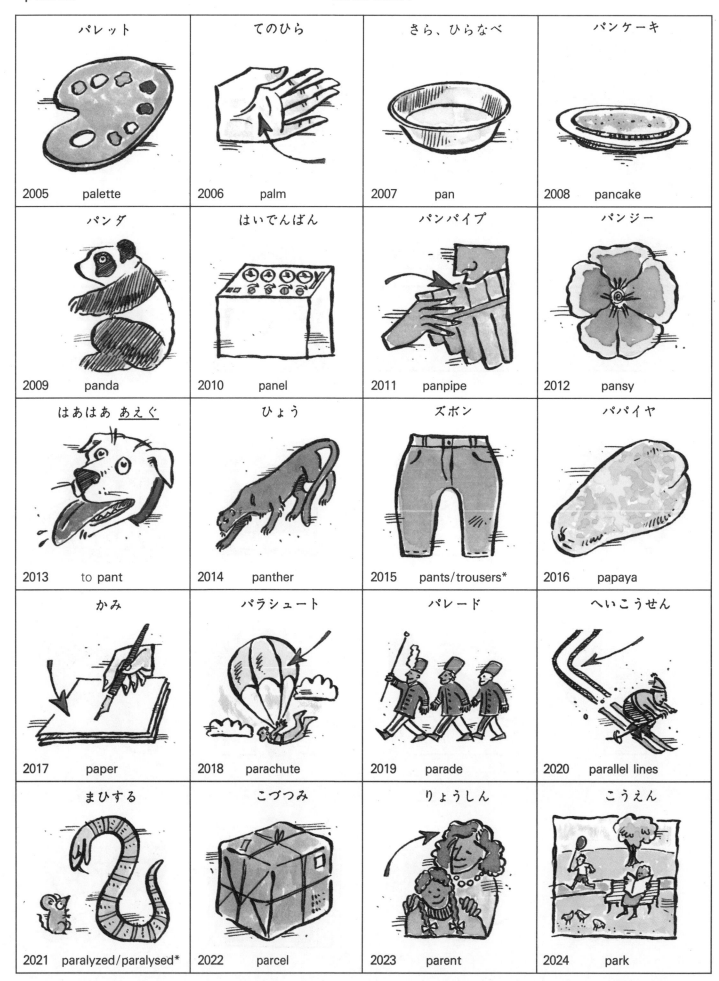

パレット	てのひら	さら、ひらなべ	パンケーキ
2005 palette	2006 palm	2007 pan	2008 pancake
パンダ	はいでんばん	パンパイプ	パンジー
2009 panda	2010 panel	2011 panpipe	2012 pansy
はあはあ あえぐ	ひょう	ズボン	パパイヤ
2013 to pant	2014 panther	2015 pants/trousers*	2016 papaya
かみ	パラシュート	パレード	へいこうせん
2017 paper	2018 parachute	2019 parade	2020 parallel lines
まひする	こづつみ	りょうしん	こうえん
2021 paralyzed/paralysed*	2022 parcel	2023 parent	2024 park

くるまを<u>とめる</u>、 ちゅうしゃする 2025 to park	パルカ 2026 parka	ぎかい 2027 parliament	おうむ 2028 parrot
パセリ 2029 parsley	パースニップ 2030 parsnip	りゅうし 2031 particle	パートナー 2032 partner
パーティー 2033 party	パスする 2034 to pass	きを うしなう 2035 to pass out	ろうか、つうろ 2036 passage
じょうきゃく、 せんきゃく 2037 passenger	パスポート 2038 passport	むかしは ひこうきもくる まもありませんでした。 はちじごふん<u>すぎ</u>です。 *In the past, there were no* *planes or cars.* *It is five past eight.* 2039 past	パスタ 2040 pasta
のりで <u>はる</u> 2041 to paste	きばらし (にすること) 2042 pastime	(こなを ねってつくった) <u>おかし</u> 2043 pastry	ぼくじょう 2044 pasture

つぎ
2045 patch

みち
2046 path

がまんづよい
2047 She is patient.

かんじゃ
2048 patient

パターン、げんけい
2049 pattern

にほんごをよむとき てんのところで やすんでください。
やすまずに、きのところまで はしっていってこられますか。
When reading Japanese you pause at a comma. Can you run to that tree and back without a pause?
2050 to pause

しゃどう
2051 pavement/road*

(いぬやねこの)あし、て
2052 paw

はらう
2053 to pay

こうしゅうでんわ
2054 pay phone/phone box*

へいわ
2055 peace

もも
2056 peach

くじゃく
2057 peacock

ちょうじょう
2058 peak

なりひびくかねのおと
2059 peal of a bell

ピーナッツ
2060 peanut

なし
2061 pear

しんじゅ
2062 pearl

グリーンピース
2063 peas

みずごけ
2064 peat moss

こいし 2065 pebbles	<u>ピーカン</u>のみ 2066 pecan	つっつく、ついばむ 2067 to peck	ペダル 2068 pedal
ほこうしゃ 2070 pedestrian	おうだんほどう 2071 pedestrian crossing	むく 2072 to peel	ペダルをふんではしる 2069 to pedal
ペリカン 2073 pelican	ペン 2074 pen	えんぴつ 2075 pencil	ふりこ 2076 pendulum
ペンギン 2077 penguin	こがたな 2078 penknife	ごかっけい 2079 pentagon	ひとびと 2080 people
こしょう 2081 pepper	はっか、ミント 2082 peppermint	<u>すずき</u>(のいっしゅ) 2083 perch	とまりぎ 2084 perch

えんそう	こうすい	ピリオド、しゅうしふ	つるにちにちそう、ピンカ
2085 performance	2086 perfume	2087 period/full stop*	2088 periwinkle

ひと	がいちゅう	こまらす、なやます	ペット
2089 person	2090 pest	2091 to pester	2092 pet

はなびら	ペチュニア	やくざいし	かわいがる
2094 petal	2095 petunia	2096 pharmacist/chemist*	2093 to pet

やっきょく	きじ	でんわ	しゃしん
2097 pharmacy/chemist's*	2098 pheasant	2099 phone	2100 photograph

ピアノ	えらぶ、とる	だきあげる	ピッケル
2101 piano	2102 to pick	2103 to pick up	2104 pickaxe

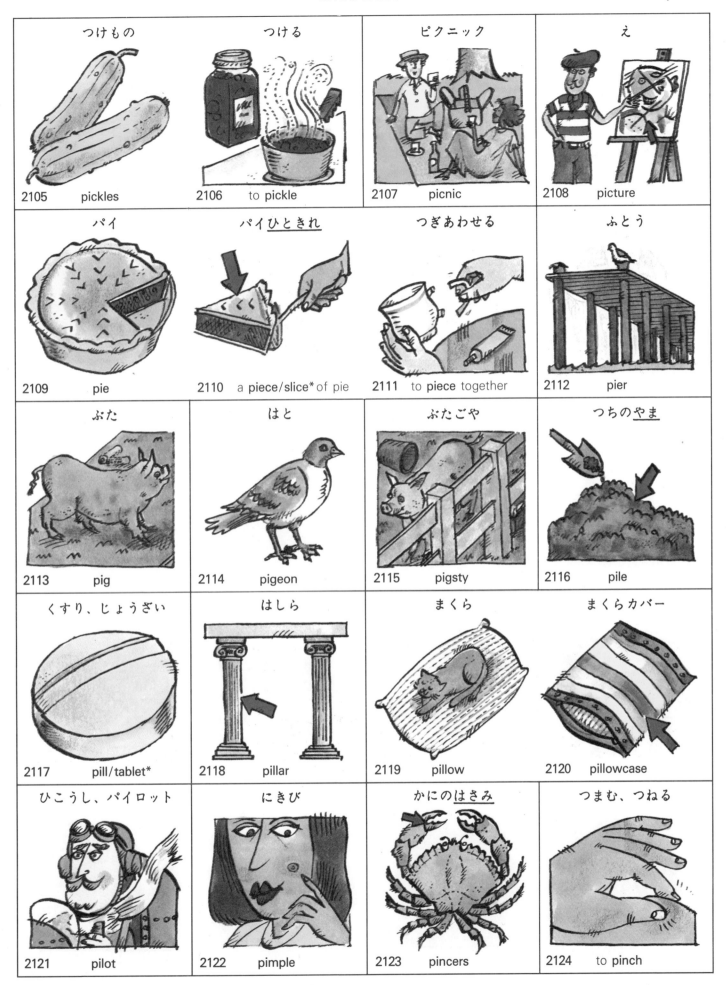

つけもの	つける	ピクニック	え
2105　pickles	2106　to pickle	2107　picnic	2108　picture

パイ	パイひときれ	つぎあわせる	ふとう
2109　pie	2110　a piece/slice* of pie	2111　to piece together	2112　pier

ぶた	はと	ぶたごや	つちのやま
2113　pig	2114　pigeon	2115　pigsty	2116　pile

くすり、じょうざい	はしら	まくら	まくらカバー
2117　pill/tablet*	2118　pillar	2119　pillow	2120　pillowcase

ひこうし、パイロット	にきび	かにのはさみ	つまむ、つねる
2121　pilot	2122　pimple	2123　pincers	2124　to pinch

まつ **2125** pine	パイナップル **2126** pineapple	ピンク **2127** pink	パイプ **2128** pipe
かいぞく **2129** pirate	ピスタチオ **2130** pistachio	ピストル **2131** pistol	なげる **2132** to pitch

アシュレイは こねこを なくしたおんなのこを <u>かわいそう</u>におもっています。

Ashley pities the girl who lost her kitten.

2136 to pity

ピクニックに いい<u>ところ</u>です。

かなづちは もとの<u>ばしょ</u>に かえしてください。

It is a good place for a picnic.
Please return the hammer to its place.

2137 place

かれい
（ひらめのいっしゅ）

2138 plaice

マーブ、いい<u>ピッチ</u>だね。

このピアノはおとがは<u>ずれ</u>ています。

Hey Merv, that was a good pitch !
This piano is off pitch.

2133 pitch

<u>むじ</u>のシャツ **2139** plain shirt	へいや、はらっぱ **2140** plain	けいかくする、 **2141** to plan	くまで **2134** pitchfork
かんな **2142** plane	わくせい **2143** planets	いた **2144** plank	コールタールピッチ **2135** pitch tar

しょくぶつ	うえる	プラスター	プラスターをぬる
2145 plants	2146 to plant	2147 plaster	2148 to plaster

プラスチック	ねんど	さら	こうげん、プラトー
2149 plastic	2150 plasticine	2151 plate	2152 plateau

ホーム	あそぶ / あそびば	トランプ
2153 platform	2154 to play　　2155 playground	2156 playing cards

たんがんする	きもちのいいひ	どうぞミルクをください	プリーツ、ひだ
2157 to plead	2158 a pleasant day	2159 A glass of milk, please.	2160 pleat

ペンチ	すき	むしる	さしこみ
2161 pliers	2162 plow/plough*	2163 to pluck	2164 plug

せん	すもも、プラム	はいかんこう	まるまる<u>ふとった</u>
2165 plug	2166 plum	2167 plumber	2168 plump

「1」はたんすうで、
「10」は<u>ふくすう</u>です。
"Children" は "child" の
<u>ふくすう</u>です。

One is singular, ten is plural.
Children is the plural of child.

2169   plural

プラス	プライウッド、ごうばん	おとしたまご
2170 plus	2171 plywood	2172 to poach

ポケット	さや	ゆびさす

しじんは <u>し</u>をかくひと
です。
これは アシュレイのかい
た<u>し</u>です。

A poet is a person who writes poems.
This is a poem that Ashley wrote.

| 2173   pocket | 2174   pea pod | 2175   poem | 2177   to point |

ポインセチア	どく		やじるしの<u>さき</u>

あるきのこは <u>どく</u>です。

<u>どく</u>へびのかずは おおく
ありません。

Some mushrooms are poisonous.
There are not many poisonous snakes.

| 2176   poinsettia | 2180   poison | 2181   poisonous | 2178   point |

つ(っ)つく	しろくま、ほっきょくぐま	はしら、でんちゅう	とがっている
2182 to poke	2183 polar bear	2184 pole	2179 pointed

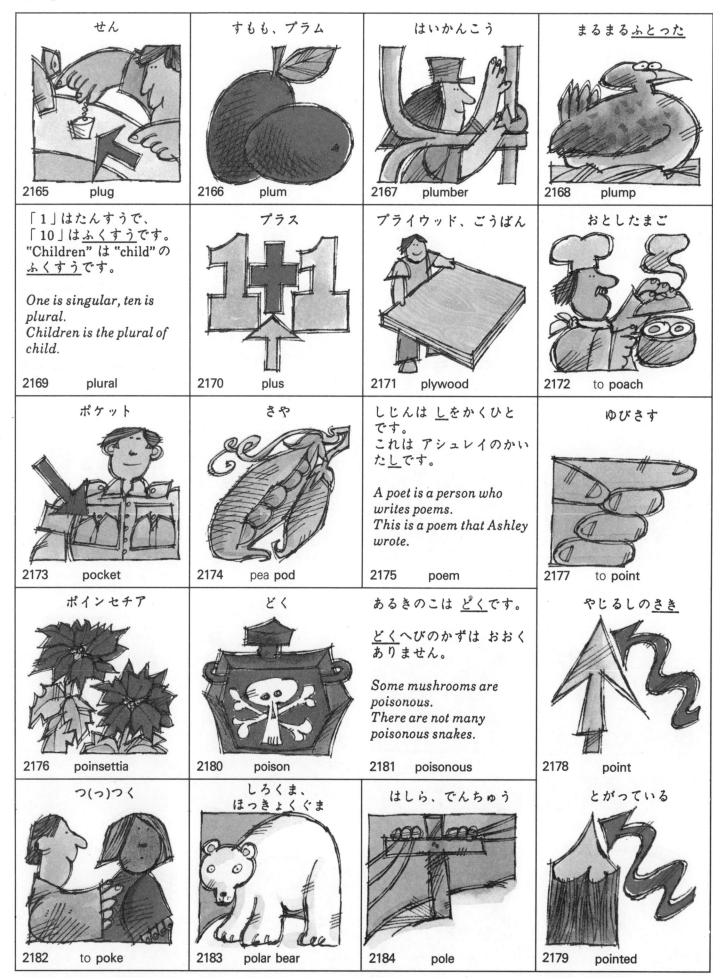

けいかん **2185** policeman	ふじんけいかん **2186** policewoman	みがく **2187** to polish	だれでも れいぎただしい こどもが すきです。 「はい」は「うん」より ていねいです。 *Everybody likes polite children.* *"Hai" is more polite than "un".* **2188** polite
かふん **2189** pollen	ざくろ **2190** pomegranate	いけ **2191** pond	ポーニー **2192** pony
プール **2193** pool	お金をプールする **2194** to pool	アシュレイのりょうしん は びんぼうではありませ んが、かねもちでもあり ません。 *Ashley's parents are not poor, but they are not rich either.* **2195** poor	ぽんととびでる **2196** to pop
ポプラ **2197** poplar	けし、ポピー **2198** poppy	アシュレイは にんきもの です。 このほんは こどもに にんきがあります。 *Ashley is a popular girl.* *This book is popular among children.* **2199** popular	ポーチ **2200** porch
けあな **2201** Pores are little holes in the skin.	ポリッジ **2202** porridge	みなと **2203** port	アシュレイは ポータブル ・ラジオ がほしいです。 ボブはポータブルのコン ピュータをほしがってい ます。 *Ashley wants a portable radio.* *Bob wants a portable computer.* **2204** portable

ポーター **2205** porter	しょうぞうが **2206** portrait	ポスト **2207** post	ポストにいれる **2208** to post
えはがき **2210** postcard	ポスター **2211** poster	なべ **2212** pot	ゆうびんきょく **2209** post office
じゃがいも **2213** potato	とうき **2214** pottery	ポーチ、ちいさいふくろ **2215** pouch	きゅうに とびつく **2216** to pounce

バナナ よんほんで 1ポ
ンド ぐらいです。
ポンドは イギリスの
おかねの なまえです。

*Four bananas weigh about
a pound.
Pound is the name of
English money.*

2217 pound

(ハンマーなどで)たたく **2218** to pound	つぐ **2219** to pour	くちをとがらす、 ふくれっつらする **2220** to pout

パウダー **2221** powder	れんしゅうする **2222** to practice/practise*	だいそうげん **2223** prairie	ほめる **2224** to praise

あとあしではねまわる	いのる	このほうがすきです。	にんしん している
2225　to prance	2226　to pray	2227　to prefer	2228　She is pregnant.

しゅっせき	おくりもの、プレゼント	トロフィーをわたす	くだもののさとうづけ
2229　I am present.	2230　birthday present	2231　to present	2232　preserved fruit

おす	きれいなドレス	えじき	ねだん
2233　to press	2234　pretty	2235　prey	2236　price

ちくりとさす	はりのあるどうぶつ	しょうがっこう	プリムラ
2237　to prick	2238　prickly animal	2239　primary school	2240　primrose

プリンス、おうじ、こうたいし	プリンセス、おうじょ、こうたいしひ	がっこうのこうちょう	げんそくとしては さんせいです。 げんそくの だいいちは いっしょうけんめいに はたらくことです。 *In principle, I agree with you.* *The first principle is to work hard.*
2241　prince	2242　princess	2243　school principal/Head teacher*	2244　principle

いんさつする 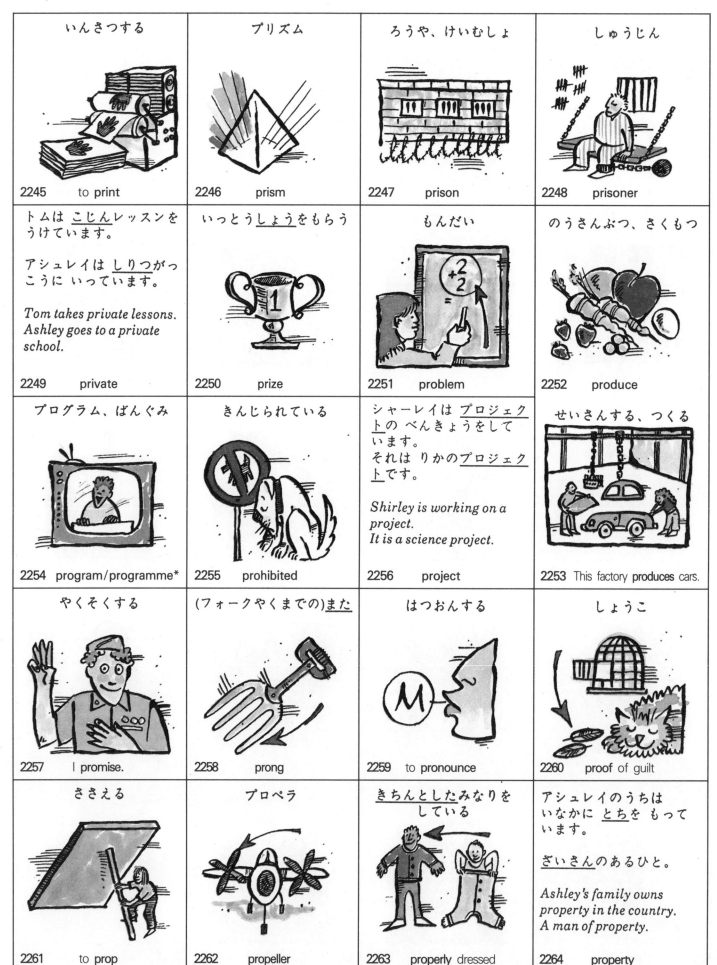 2245　to print	プリズム 2246　prism	ろうや、けいむしょ 2247　prison	しゅうじん 2248　prisoner
トムは こじんレッスンを うけています。 アシュレイは しりつがっこうに いっています。 *Tom takes private lessons. Ashley goes to a private school.* 2249　private	いっとうしょうをもらう 2250　prize	もんだい 2251　problem	のうさんぶつ、さくもつ 2252　produce
プログラム、ばんぐみ 2254　program / programme*	きんじられている 2255　prohibited	シャーレイは プロジェクトの べんきょうをしています。 それは りかのプロジェクトです。 *Shirley is working on a project.* *It is a science project.* 2256　project	せいさんする、つくる 2253　This factory **produces** cars.
やくそくする 2257　I promise.	(フォークやくまでの)また 2258　prong	はつおんする 2259　to pronounce	しょうこ 2260　proof of guilt
ささえる 2261　to prop	プロペラ 2262　propeller	きちんとしたみなりをしている 2263　properly dressed	アシュレイのうちは いなかに とちを もっています。 ざいさんのあるひと。 *Ashley's family owns property in the country.* *A man of property.* 2264　property

こうぎする	ほこる、ほこりたかい	しょうめいする	これは ことわざです。「さるも きからおちる。」 *Here is a proverb;* *"Even a genius can make a* *mistake."*
2265　to **protest**	2266　I am a **proud** cat.	2267　to **prove**	2268　**proverb**
いすをよういする	プルーン	えだをおろす	こうしゅうでんわ
2269　to **provide** chairs	2270　**prune**	2271　to **prune**	2272　**public** telephone/phone box*
プリン	みずたまり	ぱっぱっとふく	パフィン
2273　**pudding**/afters*	2274　**puddle**	2275　to **puff**	2276　**puffin**
ひく、ひっぱる	かっしゃ	プルオーバー	みゃく
2277　to **pull**	2278　**pulley**	2279　**pullover**/sweater*	2280　**pulse**
ポンプ	ポンプでくうきをいれる	かぼちゃ	なぐる
2281　**pump**	2282　to **pump**	2283　**pumpkin**	2284　to **punch**

じかんをまもる	タイヤをパンクさせる	ばっする	ばつ
2285 You are punctual.	2286 to puncture	2287 to punish	2288 punishment

あやつりにんぎょう	こいぬ	よごれて（い）ない、きれい（な）	むらさきいろ
2289 puppet	2290 puppy	2291 pure water	2292 purple

ごろごろのどをならす	さいふ、ハンドバッグ	おう、ついせきする	おす
2293 to purr	2294 purse/handbag*	2295 to pursue	2296 to push

ここにおいてください。	かたづける	のばす、おくらせる あとまわしにする	パテ
2297 to put	2298 to put away	2299 to put off	2300 putty

パズル	パジャマ	ピラミッド	にしきへび
2301 puzzle	2302 pyjamas*/pajamas	2303 pyramid	2304 python

うずら
2305   quail

しつのたかい、こうきゅう(な)
2306   quality watch

りょう
2307   quantity

けんかする
2308   to quarrel

いしきりば
2309   quarry

よんぶんの いち
2310   quarter

ふなつきば、はとば
2311   quay

クイーン、じょうおう
2312   queen

しつもんする
2313   to ask a question

はやい
2314   quick

うきずな、クイックサンド
2315   quicksand

しずか(な)、おとなしい
2316   She is quiet.

はねペン
2317   quill

はりねずみのはり
2318   porcupine quill

はねぶとん
2319   quilt/eiderdown*

まるめろのみ
2320   quince

やづつ
2321   quiver

ふるえる
2322   to quiver

きょう がっこうで かんじの しけんが ありました。

At school we had a Kanji quiz today.

2323   quiz

R

うさぎ
2324 rabbit

ラクーン、あらいぐま
2325 raccoon

きょうそうする
2326 to race

ぼうしかけ
2327 rack/hat-stand*

おおさわぎ
2328 racket

ラジエーター
2329 radiator

ラジオ
2330 radio

ラディッシュ
2331 radish

はんけい
2332 radius

いかだ
2333 raft

ふいの しゅうげき
2334 a raid in progress

てすり
2335 handrail/banister*

てつどうの せんろ
2336 railroad track/railway track*

あめが ふる
2337 to rain

にじ
2338 rainbow

レインコート
2339 raincoat

アシュレイは クラスで
よく てをあげます。
アシュレイはおもしろい
もんだいをだしました。

*Ashley often raises her
hand in class.
She has raised an
interesting question.*

2340 to raise

ほしぶどう
2341 raisin

くまで
2342 rake

とをトントンたたく
2343　to rap/knock*

はやい
2344　rapid

めずらしい
2345　rare

ほっしん、はっしん
2346　rash

ラズベリー
2347　raspberry

ねずみ
2348　rat

がらがら
2349　rattle

がらがらへび
2350　rattlesnake

わたりがらす
2351　raven

がつがつ たべる
2352　ravenous

きょうこく、けいこく
2353　ravine

なまたまご
2354　a raw egg

たいようのこうせん
2355　ray of sunlight

ひげそり、レーザー
2356　razor

とどく
2357　to reach

よむ
2358　to read

いちについて、
ようい、ドン
2359　ready

ほんとう(の)、
ほんもの(の)
2360　real

わかる
2361　to realize/realise*

ほんとうに
2362　Are you really here?

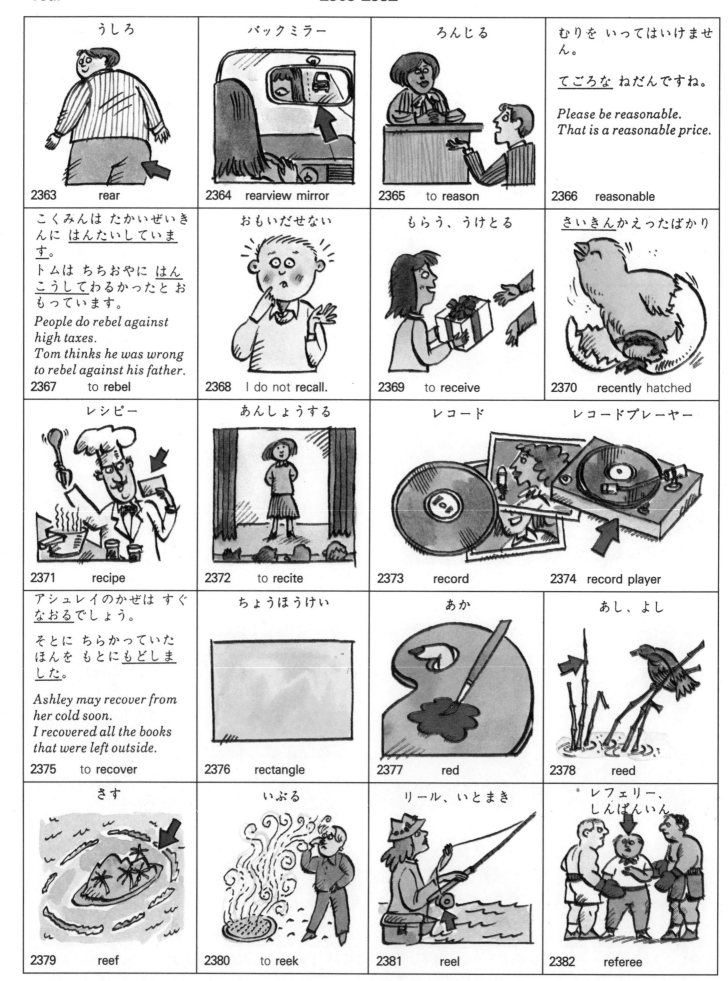

うしろ	バックミラー	ろんじる	むりを いってはいけません。 てごろな ねだんですね。 *Please be reasonable.* *That is a reasonable price.*
2363　rear	2364　rearview mirror	2365　to reason	2366　reasonable
こくみんは たかいぜいきんに はんたいしています。 トムは ちちおやに はんこうして わるかったと おもっています。 *People do rebel against high taxes.* *Tom thinks he was wrong to rebel against his father.*	おもいだせない	もらう、うけとる	さいきんかえったばかり
2367　to rebel	2368　I do not recall.	2369　to receive	2370　recently hatched
レシピー	あんしょうする	レコード	レコードプレーヤー
2371　recipe	2372　to recite	2373　record	2374　record player
アシュレイのかぜは すぐ なおるでしょう。 そとに ちらかっていた ほんを もとにもどしました。 *Ashley may recover from her cold soon.* *I recovered all the books that were left outside.*	ちょうほうけい	あか	あし、よし
2375　to recover	2376　rectangle	2377　red	2378　reed
さす	いぶる	リール、いとまき	レフェリー、しんぱんいん
2379　reef	2380　to reek	2381　reel	2382　referee

はんしゃする、うつる	れいぞうこ	ことわる、きょひする	ちいき
2383 reflection	2384 refrigerator	2385 to refuse	2386 region
とうろくする	こうかいする	れんしゅうする	トナカイ
2387 to register	2388 to regret	2389 Actors rehearse a play.	2390 reindeer
たずな	しんせき、しんるい	リラックスする、のんびりする	はなす
2391 reins	2392 relatives	2393 to relax	2394 to release
おぼえている、わすれない	はなれじま	ぼうしをとる	アパートをかりています。 くるまをかりて、しまをぐるりとまわりました。 *We rent an apartment. We rented a car and went around the island.*
2395 Remember to brush your teeth.	2396 remote island	2397 to remove	2398 to rent
なおす、しゅうぜんする	くりかえす	とりかえる	こたえる
2399 to repair	2400 to repeat	2401 to replace	2402 to reply

はちゅうるい  2403 reptile	たすけだす 2404 to rescue	ちょすいち 2405 reservoir	だれの せきにんですか。 アシュレイは せきにんかんのある おんなのこです。 *Who is responsible for this?* *Ashley is a responsible girl.* 2406 responsible
やすむ 2407 to rest	レストラン 2408 restaurant	アシュレイは としょかんのほんを いつもかえします。 ジョンはすぐかえってくるでしょう。 *Ashley always returns her library books.* *John will return soon.* 2409 to return	ぎゃく 2410 reverse
さい 2411 rhinoceros	ルーバーブ、だいおう 2412 rhubarb	えいごの しをかくときいんを ふむことができます。 *When you write a poem in English, you can make it rhyme.* 2413 rhyme	ろっこつ、あばらぼね 2414 rib
リボン 2415 ribbon	ごはん 2416 rice	かねもちでもなく、びんぼうでもありません。 かねもちは びんぼうにんをいつもたすけなければならない。 *He is neither rich nor poor. The rich must always help the poor.* 2417 rich	なぞなぞ 2418 riddle
うまにのる 2419 to ride a horse	やまのおね 2420 ridge	みぎて 2421 my right hand	かどで みぎにまがってください。 アシュレイは いつも じぶんが ただしいと おもっています。 *Turn right at the next corner.* *Ashley thinks she is always right.* 2422 right

みぎきき	かわ	ゆびわ	ベルをならす
2423　right-handed	2424　rind	2425　ring	2426　to ring

アイスホッケーの<u>リンク</u>	ゆすぐ、すすぐ	ほうどう	さく
2427　rink	2428　to rinse	2429　riot	2430　to rip

じゅくしている	ちいさななみ、こなみ　さざなみ	たいようが <u>のぼる</u>	<u>きけん</u>なことをするときは いつもきをつけたほうがいいですよ。 あした しもの<u>おそれ</u>があります。 *Always be careful when taking risks.* *There will be a risk of frost tomorrow.*
2431　ripe	2432　ripple	2433　The sun rises.	2434　risk

ライバル	かわ	みち	ほえる
2435　rivals	2436　river	2437　road	2438　to roar

ロースト	ごうとう、おいはぎ	ロビン、こまどり	いわ
2439　roast	2440　robber	2441　robin	2442　rock

ゆする 2443　to rock	ロケット 2444　rocket	ゆりいす 2445　rocking chair	さお、つりざお 2446　rod
ロール 2447　roll	ころがる 2448　to roll	ローラースケート 2449　roller skate	めんぼう 2450　rolling pin
やね 2451　roof	へや 2452　room	とまりぎに とまる 2453　to roost	ね 2454　root
なわ、ロープ 2455　rope	ばら 2456　rose	ローズマリー 2457　rosemary	ばらいろ(の) 2458　rosy
くさったりんご 2459　rotten apple	ざらざらする、 あらっぽい 2460　rough	まるい 2461　round	ならんだボタン 2462　4 buttons in a row

こぐ	おうしつ(の)	ゴム	がらくた
2463 to **row**	2464 **royal**	2465 **rubber**	2466 **rubbish**
ルビー	かじ	れいぎをしらない	<u>けわしいとち</u>
2467 **ruby**	2468 **rudder**	2469 He is **rude**.	2470 **rugged** terrain
むかしのしろのあと、 <u>いせき</u>	アシュレイはいつも<u>きそ</u> <u>く</u>をまもります。 このいえの<u>きそく</u>は りょ うしんがつくります。 *Ashley always obeys the* *rules.* *The rules in this house are* *made by my parents.*	しはいしゃ、とうちしゃ	ガタゴトというおと
2471 **ruin**	2472 **rule**	2473 **ruler**	2474 I hear a **rumble**.
はしる	にげる	ひく	エネルギーが<u>なくなる</u>
2475 to **run**	2476 to **run away**	2477 to **run over**	2478 to **run out** of energy
いそいで かけていく	さび	わだち	ライむぎ
2479 to **rush**	2480 **rust**	2481 **rut**	2482 **rye**

	おおきなふくろ	しんせい（な）	かなしい
S	2483　sack	2484　Truth is a **sacred** principle.	2485　sad

くら	あんぜん（な）	ほ	ウィンドサーフィン
2486　saddle	2487　safe	2488　sail	2489　sailboard

セールボート、ほかけぶね	すいへい	サラダ	セール
2490　sailboat/sailing boat*	2491　sailor	2492　salad	2493　sale

さけ、しゃけ	しお	けいれいする	おなじ
2494　salmon	2495　salt	2496　to salute	2497　same

すな	サンダル	サンドイッチ	じゅえき
2498　sand	2499　sandal	2500　sandwich	2501　sap

いわし	えいせい	サテンのドレス	<u>どようび</u>は あそぶひ です。 アシュレイは <u>どようび</u> が だいすきです。 *Saturday is play day.* *Ashley likes Saturdays.*
2502 sardine	2503 satellite	2504 satin dress	2505 Saturday
ソース	ソーセージ	おかねを<u>ためる</u>	のこぎり
2506 sauce/gravy*	2507 sausage	2508 I save my money.	2509 saw
おがくず	おもったとおりに<u>いう</u>	だい、やぐら	(のこぎりで) きる
2511 sawdust	2512 I say what I think.	2513 scaffolding	2510 to saw
やけどする	はかり	ほたてがい、かいばしら	あたまのかわ
2514 to scald	2515 scale	2516 scallop	2517 scalp
きず	おどかす	かかし	スカーフ
2518 scar	2519 to scare	2520 scarecrow	2521 scarf

まっか 2522 scarlet	はんざいげんば 2523 scene of a crime	けしき 2524 scenery	がくもん、 しょうがっきん 2525 scholarship
がっこう 2526 school	スクーナー 2527 schooner	はさみ 2528 scissors	スコップで すくう 2529 to scoop
スクーター 2530 scooter	こげたかみ 2531 scorched paper	とくてんする 2532 to score	ボーイスカウト 2533 scout
かみきれ 2534 scraps of paper	すりむき 2535 scrape	けずるどうぐ 2536 scraper	ひっかく 2537 scratch
スクリーン、 かなあみ、あみど 2538 screen	ねじ 2539 screw	ねじまわし 2540 screwdriver	ごしごしこする 2541 to scrub

ちょうこくか 2542　sculptor	たつのおとしご 2543　seahorse	アドリア<u>かい</u>、<u>うみ</u> 2544　Adriatic sea	かもめ 2545　seagull
おっとせい 2546　seal	ぬいめ 2547　seam	さがす 2548　to search	サーチライト 2549　searchlight
よっつの<u>きせつ</u>は、 　はる 　なつ 　あき 　ふゆです。 *The four seasons are : spring, summer, autumn and winter.* 2550　seasons	ざせき 2551　seat	ざせきベルト、 シートベルト 2552　seatbelt	かいそう 2553　seaweed
ふたつめ、にばんめ 2554　second	ひみつ 2555　I have a secret.	みる 2556　to see	シーソー 2557　see-saw
たね 2558　seed	しんだ<u>ように</u> みえる 2559　It seems to be dead.	つかまえる 2560　to seize	わがまま、りこてき 2561　You are selfish.

うる
2562 to **sell**

はんえん
2563 semicircle

おくる
2564 to **send**

<u>びんかん</u>なひふ
2565 **sensitive** skin

<u>ぶんしょう</u>が つくれます
か。
どろぼうは けいむしょ
いきの<u>はんけつ</u>を うけま
した。

Can you make a sentence ?
The robber received a
prison sentence.

2566 sentence

ほしょう
2567 sentry

くがつ
2568 September

きゅうじする
2569 to **serve**

しち、なな、ななつ
2570 seven

ななつめ、ななばんめ
2571 seventh

いつつか むっつ、
いくつか
2572 several

ぬう
2573 to **sew**

ミシン
2574 sewing machine

みすぼらしい
2575 shabby

こや
2576 shack

かげ
2577 shadow

けの<u>ふさふさ</u>した
2578 shaggy

ふる
2579 to **shake**

あさい
2580 shallow water

シャンプー
2581 shampoo

わけあう	さめ	<u>シャープ</u>なナイフ	ナイフとぎ
2582 to share	2583 shark	2584 sharp	2585 knife sharpener
こなごなにこわす	ひげをそる	うえきばさみ	スケートシャープナー
2588 to shatter	2589 to shave	2590 shears	2586 skate sharpener
かたなの<u>さや</u>	ひつじ	シーツ	えんぴつけずり
2591 sheath	2592 sheep	2593 sheet	2587 pencil sharpener
たな	かい、かいがら	かくれば、ひなんじょ	ひつじかい
2594 shelf	2595 shell	2596 shelter	2597 shepherd
たて	むこうずね	かがやく、てる	いた、やねいた
2598 shield	2599 shin	2600 to shine	2601 shingle

シングルはびょうきの なまえ	ぴかぴかひかった	ふね	なんぱせん
2602 shingles	2603 shiny	2604 ship	2605 shipwreck
シャツ	ふるえる	ショック	くつ
2606 shirt	2607 to shiver	2608 shock	2609 shoes
くつひも	くつや	うつ、うちおとす	みせ
2610 shoelace	2611 shoemaker	2612 to shoot	2613 shop
みせのしゅじん、 てんしゅ	ショーウィンドー	かいがん、きし	せがひくい
2614 shopkeeper	2615 shop window	2616 shore	2617 short
ショートパンツ	かた	どなる	おす、おしのける
2618 shorts	2619 shoulder	2620 to shout	2621 to shove

シャベル	みせる	みせびらかす	やっとあらわれた。
2622 shovel	2623 to show	2624 to show off	2625 to show up/appear*

シャワー	さけぶ	えび	ちぢむ
2626 shower	2627 to shriek	2628 shrimp	2629 to shrink

かんぼく	まぜる、(トランプを)きる	シャッター、あまど	はずかしがり
2630 shrub	2631 shuffle	2632 shutters	2633 shy

びょうき	わき、そくめん	ほどう	ためいきをつく
2634 sick	2635 side	2636 sidewalk/pavement*	2637 to sigh

サイン	あいずする、しんごうをおくる	サイン	しずかに！ アシュレイはしずかにしていられません。 Be silent. It is difficult for Ashley to be silent.
2638 sign	2639 to signal	2640 signature	2641 silent

まどの<u>しきい</u>	ジョンは アンが <u>ばかだ</u>と おもっています。アンは ジョンが ばかな ことをすると おもいます。 *John thinks Ann is silly.* *Ann thinks John does silly things.*	ぎん	<u>かんたん</u>なかいけつほう ほうが あるはずです。シンプルなデザインで いいですね。 *There must be a simple solution.* *It is a simple design. I like it.*
2642　sill	2643　silly	2644　silver	2645　simple
うたう	「一」は<u>たんすう</u>で、「五」は<u>ふくすう</u>です。 *"One" is singular and "five" is plural.*	ながし	しずむ
2646　to sing	2647　singular	2648　sink	2649　to sink
すする	サイレン	いもうと	すわる
2650　to sip	2651　siren	2652　sister	2653　to sit
ろく、むっつ	ろくばんめ、むっつめ	サイズ	スケートする
2654　six	2655　sixth	2656　size	2657　to skate
スケートボード	がいこつ	スケッチする	スキー
2658　skateboard	2659　skeleton	2660　to sketch	2661　skis

スキーする	よこにそれる、よこすべりする	ひふ、はだ	スキップする、とびはねる
2662 to ski	2663 to skid	2664 skin	2665 to skip
せんちょう	スカート	ずがいこつ	そら
2666 skipper/captain*	2667 skirt	2668 skull	2669 sky
ひばり	まてんろう、こうそうビル	バタンとしめる	ななめ(の)、けいしゃした
2670 skylark	2671 skyscraper	2672 to slam	2673 slanting floor
ぴしゃりと たたく	ふかくきる、きりつける	スレート	そり
2674 to slap	2675 to slash	2676 slate	2677 sled/sleigh*
ねむる	スリーピング・バッグ	ねむい	みぞれ
2678 to sleep	2679 sleeping bag	2680 sleepy	2681 sleet

そで	すべりだい	ほっそりした	ぬるぬるした
2682 sleeve	2683 slide	2684 slim	2685 slimy
つりぼうたい	パチンコ	すべる	スリッパ
2686 sling	2687 slingshot/catapult*	2688 to slip	2689 slipper
つるつるした	ぶしょうもの、だらしのないひと	しゃめん、スロープ	スロット、とうにゅうぐち
2690 slippery	2691 slob	2692 slope	2693 slot

まえかがみになる

2694 to slouch

まがるとき くるまは スピードをおとします。

「スピードをおとして、おとうさん、はやすぎるよ。」

The car slows down at the corner.
"Slow down, Dad! You are going too fast."

2695 to slow down

ゆきどけ、どろどろのゆき

2696 slush

ちいさい

2697 small

アシュレイは じぶんは とても あたまがいいと おもっています。

かっこいいドレスですね。

Ashley thinks she is very smart.
That is a smart dress.

2698 smart/clever*

こなごなにする

2699 to smash

ぬる、なすりつける

2700 to smear

はなの においをかぐ

2701 to smell

いやな においがする、あくしゅうを はなつ 2702　smelly	たばこをすう 2703　to smoke	こおりのひょうめんは なめらかです。 ひこうきは スムーズに ちゃくりくしました。 *The ice is smooth. The plane has made a smooth landing.* 2704　smooth	おやつをたべる 2705　to have a snack
かたつむり 2706　snail	へび 2707　snake	ポキッと おる 2708　to snap	うんどうぐつ、スニーカー 2709　sneakers/trainers*
くしゃみをする 2710　to sneeze	スノーケル 2711　snorkel	ゆき 2712　snow	ゆきのけっしょう 2713　snowflake
スノーシュー、かんじき 2714　snowshoes	せっけん 2715　soap	サッカー 2716　soccer	ソックス 2717　sock
ソケット 2718　socket	ソファー 2719　sofa/couch*	ソフト(な)、やわらかい 2720　soft	へいたい 2721　soldier

ひらめ	とく、かいけつする
2722　sole	2723　She **solves** the problem.
ちゅうがえり	むすこ
2724　to **somersault**	2725　son

うた

すぐ くらくなります。

アシュレイは すぐ うち
にかえってくるでしょう。

Soon it will be dark.
Ashley will be home soon.

2726　song

2727　soon

まじゅつし

2728　sorcerer

うでがいたい。

2729　My arm is **sore**.

ソレル、かたばみ

2730　sorrel

わるかったとおもう。

2731　sorry

よりわける

2732　to **sort**

スープ

2733　soup

すっぱい

2734　sour

みなみ

2735　south

(めす)ぶた

2736　sow

たねをまく

2737　to **sow**

スペースシップ、
うちゅうせん

2738　spaceship

くわ

2739　spade

たたく

2740　to **spank**

よびのタイヤ

2741　spare tire/tyre*

ひばな	ひかる、きらめく	すずめ	はなす
2742　spark	2743　to sparkle	2744　sparrow	2745　to speak

やり	スピードをだす、いそぐ	つづる	つかう
2746　spear	2747　to speed up	2748　to spell	2749　to spend

きゅう	ぴりっとした、やくみのきいた	くも	スパイク
2750　sphere	2751　spicy	2752　spider	2753　spike

こぼす、こぼれる	まわる	ほうれんそう	せぼね
2754　to spill	2755　to spin	2756　spinach	2757　spine

らせんじょう(の)	とがったやね	つばを はく	はねかす
2758　spiral	2759　spire	2760　to spit	2761　to splash

きの はへん、こっぱ	くさった、いたんだ	スポンジ	いとまき
2762 splinter	2763 spoiled/rotten* fruit	2764 sponge	2765 spool/reel*
スプーン	しみ、よごれ	くち	くじく
2766 spoon	2767 spot	2768 spout	2769 to sprain
ふきかける	ぬる	スプリング	はる
2770 to spray	2771 to spread	2772 spring	2773 spring
ふりかける	(たんきょりを) ぜんそくりょくではしる	もみ	いずみ
2775 to sprinkle	2776 to sprint	2777 spruce	2774 spring
しかく	かぼちゃ	しゃがむ	だきしめる
2778 square	2779 squash	2780 to squat	2781 to squeeze

いか
2782 squid

りす
2783 squirrel

みずを ふきつける
2784 to squirt

うまや
2785 stable

ステージ、ぶたい
2786 stage

しみ
2787 stain

かいだん
2788 staircase

くい
2789 wooden stake

ふるい、ぱさぱさのパンより、やきたてのほかほかのパンのほうがずっといいです。

Freshly baked bread is much better than old stale bread.

2790 stale bread

セロリのくき
2791 celery stalk

たねうま
2792 stallion

きって
2793 stamp

たつ
2794 to stand

ほし
2795 star

じっとみる
2796 to stare

むくどり
2797 starling

スタートする
2798 to start a car

アシュレイはいえにかえると いつも「おなかがすいた。」といいます。

When Ashley comes home, she always says,"I'm starving."

2799 to starve

ガソリンスタンド
2800 gas/petrol* station

えき
2801 train/railway* station

ぞう	うごかないで。	ステーキ	ぬすむ
2802　statue	2803　Stay there!	2804　steak	2805　to steal
ゆげ	はがね	きゅう(な)、けわしい	(お)うし
2806　steam	2807　Kinves are made of steel.	2808　steep	2809　steer/bullock*
くき	だん	ふみこむ	かじをとる、そうじゅうする
2811　stem	2812　step	2813　to step in	2810　to steer
シチュー	こえだ、ぼうきれ	そとにでる	べとべとした
2815　stew	2816　stick	2814　to step out	2817　sticky

このはブラシは <u>かたすぎます。</u>

メリーおばさんは かたが <u>こっています。</u>

This toothbrush is too stiff.

Aunt Mary has a stiff shoulder.

2818　stiff	さす	さすこと、さしきず	におう、あくしゅうをはなつ
	2819　to sting	2820　sting	2821　to stink

かきまわす	ストッキング	ひをおこす、ねんりょうをくべる	い
2822 to stir	2823 stockings	2824 to stoke	2825 stomach

いし	ふみだい、こしかけ	こしをまげる、かがむ	ストップ、ていし
2826 stone	2827 stool	2828 to stoop/bend down*	2829 stop

みせ	こうのとり	あらし	きしゃをとめる
2832 store/shop*	2833 stork	2834 storm	2830 He stops the train.

はなし、ものがたり	オーブン	まっすぐ	よる
2835 story	2836 stove/cooker*	2837 straight	2831 to stop over

こす	ひっぱる	ふしぎ(な)	しめころす
2838 to strain	2839 to strain	2840 strange	2841 to strangle

ひも	ストロー	いちご	おがわ
2842 strap	2843 straw	2844 strawberry	2845 stream

ふきながし	みち	がいとう	のばす
2846 streamer/pennant*	2847 street	2848 street light/lamp*	2849 to stretch

たんか	ろうどうしゃが ちんぎん の ねあげのために スト をしています。 *The workers are on strike for more money.*	たたく、ぶつ、うつ	ひも
2850 stretcher	2851 strike	2852 to strike	2853 string

しま	つよい	せいと、がくせい	べんきょうする
2854 stripe	2855 strong	2856 student	2857 to study

ぬいぐるみのどうぶつ	きりかぶ	せんすいかん	ひく
2858 a stuffed animal	2859 stump	2860 submarine	2861 to subtract

しゃぶる、すう  2862　to suck	きゅうに あめが ふりはじめました。 パメラが <u>とつぜん</u> がっこうを やめました。 *Suddenly, it began to rain. Pamela left school suddenly.* 2863　suddenly	さとう 2864　sugar	スーツ 2865　suit
スーツケース 2866　suitcase	なつ 2867　summer	たいよう 2868　sun	にちようびには、おかあさんは ケーキをやきます。 *My mother bakes a cake on Sundays.* 2869　Sunday
ひどけい 2870　sundial	ひまわり 2871　sunflower	ひので 2872　sunrise	にちぼつ 2873　sunset
スーパー 2874　supermarket	ゆうしょく、ゆうごはん 2875　supper/dinner*	あしたは <u>きっと</u> はれるでしょう。 そうすれば <u>かならず</u>かてます。 *I am sure tomorrow will be a sunny day.* *That is a sure way to win.* 2876　sure	ひょうめん 2877　surface
げかい 2878　surgeon	<u>みょうじ</u>は ポターで、なまえは アシュレイです。 *My surname is Potter and my first name is Ashley.* 2879　surname	びっくりパーティー 2880　surprise party	こうさんする 2881　to surrender

とりかこむ	づぼんつり、サスペンダー	のみこむ	はくちょう
2882 to surround	2883 suspenders/braces*	2884 to swallow	2885 swan

とりかえる	はちのいちぐん	あせをかく	セーター
2886 to swap	2887 swarm	2888 to sweat	2889 sweater/sweatshirt*

はく	あまい	それる、そらす	およぐ
2890 to sweep	2891 sweet	2892 to swerve	2893 to swim

ブランコ	ブランコに のる	スイッチ	でんきの スイッチを いれて ください。
2894 swing	2895 to swing	2896 switch	よくみえるように、せき を とりかえましょうか。

Switch on the light, please.
Shall we switch seats so that you can see better?

2897 to **switch**

とびかかる、おそう	かたな	すずかけ	シロップ
2898 to swoop	2899 sword	2900 sycamore	2901 syrup

to talk

テーブル

2902　　table

テーブルクロス

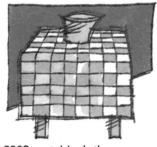

2903　　tablecloth

じょうざい

2904　　tablet

びょう

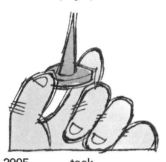

2905　　tack

アシュレイはそのもんだいと <u>とりくま</u>なければなりません。
フットボールのしあいでポールがヘクターと <u>とっくみあい</u>をしました。

Ashley must tackle that problem.
Paul tackled Hector during the football game.

2906　　to tackle

おたまじゃくし

2907　　tadpole

しっぽ

2908　　tail

もっていく

2910　　to take

とりはずす

2911　　to take apart

もちさる

2912　　to take away

もちかえる

2913　　to take back

ぼうしを<u>とる</u>

2914　　to take off

とびたつ

2915　　to take off

とりだす

2916　　to take out

もちかえり

2917　　take-out/take-away*

ようふくや、したてや

2909　　tailor

はなし

2918　　tale

アシュレイとリサは<u>タレント</u>ショーにでます。
シルビアは おんがくの <u>さいのう</u>があります。

Ashley and Lisa are in the talent show.
Sylvia has a great talent for music.

2919　　talent

はなす、はなしあう

2920　　to talk

せがたかい	タンバリン	なれた、おとなしい	ひやけ
2921 tall	2922 tambourine	2923 tame	2924 tan

みかん	もつれる	タンク	タンカー
2925 tangerine	2926 tangled	2927 tank	2928 tanker

すいどうのじゃぐち	テープ	テープではる	テープレコーダー
2929 tap	2930 tape	2931 to tape	2932 tape recorder

コールタール	まと	タラゴン	タルト
2933 tar	2934 target	2935 tarragon	2936 tart

じごと	あじわう	このタートはとても おいしいです。 *This tart is very tasty.*	タクシー
2937 task	2938 to taste	2939 tasty	2940 taxi

こうちゃ	おしえる	せんせい、きょうし	チーム
2941 a cup of **tea**	2942 to **teach**	2943 **teacher**	2944 **team**

ティーポット	なみだ	やぶく	はぎとる
2945 **teapot**	2946 **tear**	2947 to **tear**	2948 to **tear** out

でんぽう	でんわ	でんわする	ぼうえんきょう
2949 **telegram**	2950 **telephone**	2951 to **telephone**	2952 **telescope**

テレビ	いう、つたえる	グローバーは <u>おこりっぽい</u>です。 アシュレイは <u>きぶんの</u>あんていしたこです。 *Grover has a bad temper.* *Ashley has an even temper.*	おんど
2953 **television**	2954 to **tell**	2955 **temper**	2956 **temperature**

とう、じゅう	テニス	テニスシューズ	テント
2957 **ten** apples	2958 **tennis** racquet and ball	2959 **tennis** shoe	2960 **tent**

じゅうばんめ	ターミナル、たんまつ	テストする	かんしゃする
2961 tenth	2962 terminal	2963 to **test** the water	2964 to thank
こおりが とける	げきじょう	そこ	おんどけい
2965 to thaw	2966 theater/theatre*	2967 there	2968 thermometer
ふとい	どろぼう	もも、また	ゆびぬき
2969 thick	2970 thief	2971 thigh	2972 thimble
ほそい	ひとは ものでは ありません。 アシュレイは おかしな ことをよくいいます。 *A person is not a thing. Ashley often says funny things.*	かんがえる	みっつめ、さんばんめ
2973 thin	2974 thing	2975 to think	2976 third
のどが かわいている	あざみ	とげ	いと
2977 thirsty	2978 thistle	2979 thorn	2980 thread

いとをとおす	みっつ、さん	しきい	のど
2981 to thread	2982 three	2983 threshold	2984 throat
クィーンのぎょくざ、おうざ	なげる	もどす、あげる、はく	おやゆび
2985 throne	2986 to throw	2987 to throw up/be sick*	2988 thumb
かみなり	らいう	もくようびに アシュレイ は すいえいのクラスに いきます。 *Ashley goes to swimming class on Thursday.*	タイム
2989 thunder	2990 thunderstorm	2991 Thursday	2992 thyme
きっぷ	くすぐる	きちんとしている	ネクタイ
2993 ticket	2994 to tickle	2995 tidy	2996 tie
とら	しめる	タイル	むすぶ
2998 tiger	2999 to tighten	3000 tiles	2997 to tie

かたむく	じかんは なんじですか。	ちいさな、ちっちゃな	ひっくりかえる
3001 to tilt	3002 What **time** is it?	3003 tiny	3004 to tip

つまさきで あるく	タイヤ	つかれている	チップを あげる
3006 tiptoe	3007 tire/tyre*	3008 tired	3005 to tip

がまがえる	トースト	トースター	がっこうは きょうから はじまります。 きょうは ははのひです。 *School starts today. Today is Mother's Day.*
3009 toad	3010 toast	3011 toaster	3012 today

あしのゆび	いっしょにすわっている	トイレ	トマト
3013 toes	3014 We are sitting **together**.	3015 toilet	3016 tomato

はか	あしたは ちちのひです。 アシュレイは あしたはくぶつかんに きょうりゅうを みにいきます。 *Tomorrow is Father's Day. Ashley is going to see dinosaurs at the museum tomorrow.*	トング	した
3017 tomb	3018 tomorrow	3019 tongs	3020 tongue

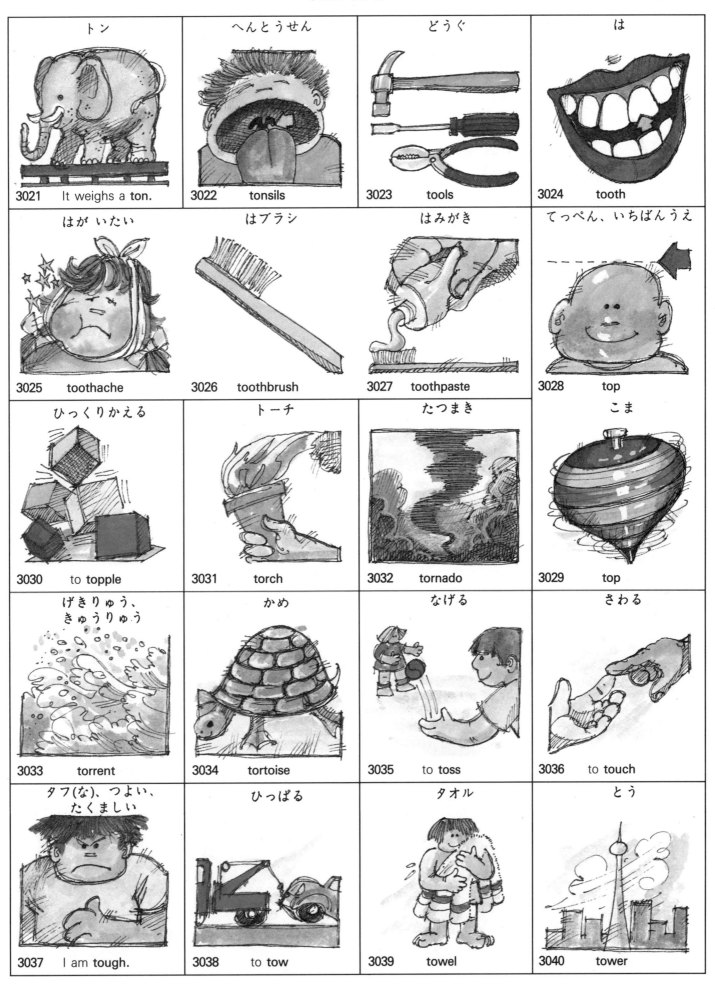

トン	へんとうせん	どうぐ	は
3021　It weighs a **ton**.	3022　tonsils	3023　tools	3024　tooth

はが いたい	はブラシ	はみがき	てっぺん、いちばんうえ
3025　toothache	3026　toothbrush	3027　toothpaste	3028　top

ひっくりかえる	トーチ	たつまき	こま
3030　to **topple**	3031　torch	3032　tornado	3029　top

げきりゅう、きゅうりゅう	かめ	なげる	さわる
3033　torrent	3034　tortoise	3035　to **toss**	3036　to **touch**

タフ(な)、つよい、たくましい	ひっぱる	タオル	とう
3037　I am **tough**.	3038　to **tow**	3039　towel	3040　tower

まち	おもちゃ	なぞる	せんろ
3041 town	3042 toys	3043 to trace	3044 track

トラクター	こうかんする	こうつう	しんごう
3045 tractor	3046 to trade	3047 traffic	3048 traffic light

とおったあと	トレーラー	きしゃ、れしゃ	トレーニングする
3049 trail	3050 trailer	3051 train	3052 to train

ふろうしゃ	ふみつける	トランポリン	とうめい(な)、すきとおった
3053 tramp	3054 to trample	3055 trampoline	3056 transparent

はこぶ、うんぱんする	うんぱんしゃ	わな	トラピーズ
3057 to transport	3058 transporter/lorry*	3059 trap	3060 trapeze

りょこうする 3061　to travel	おぼん 3062　tray	タイヤのやま 3063　tread	たからもの 3064　treasure
き 3065　tree	ふるえる 3066　to tremble	みぞ、ほり 3067　trench	さいばん 3068　trial
さんかく 3069　triangle	トリック 3070　trick	たらたら こぼれる 3071　to trickle	さんりんしゃ 3072　tricycle
ひきがね 3073　trigger	そろえて きる 3074　to trim	みじかいりょこう 3075　a short trip	つまずく 3076　to trip
トロリーバス 3077　trolley bus	ゆっくり はしる 3078　to trot	えさをいれるおけ 3079　trough	ズボン 3080　trousers

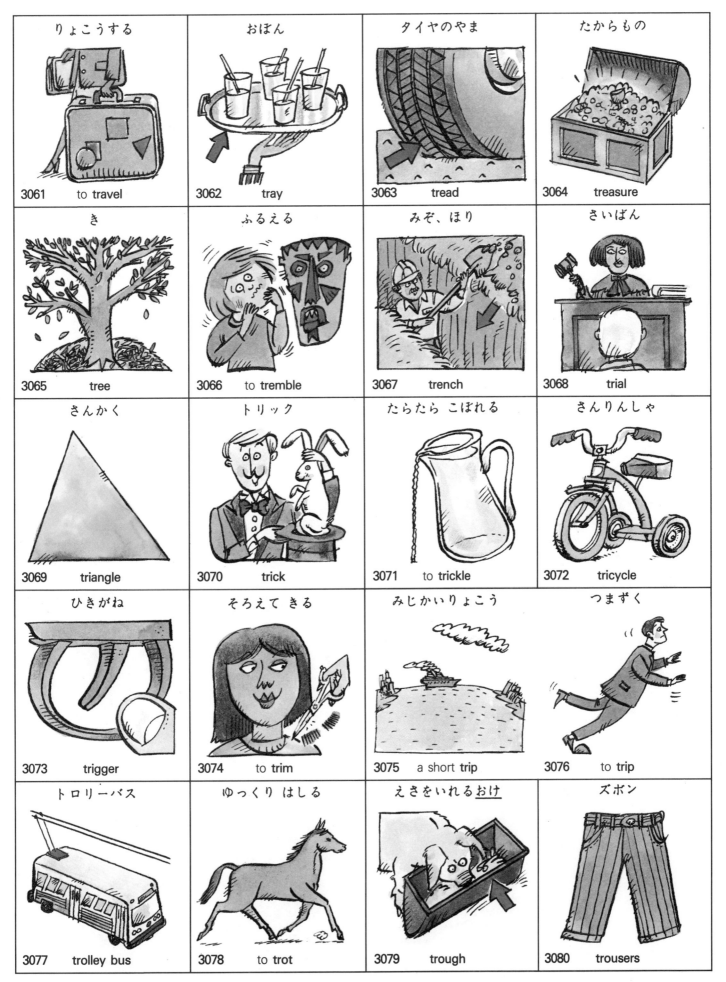

ます

3081　trout

こて

3082　trowel

トラック

3083　truck/lorry*

ほんとうですか。うそですか。

それは<u>ほんとう</u>のはなしです。

Is it true or false?
That is a true story.

3084　true

トランペット

3085　trumpet

トランク

3086　trunk

みき

3087　trunk

ぞうのはな

3088　trunk

しんようする

3089　to trust

しんじつ、ほんとうのこと

3090　truth

もういちど <u>やってみるべ</u>きです。

<u>おくれない</u><u>ように</u> <u>しなさ</u><u>い</u>。

You should try again.
Try not to be late!

3091　to try

たらい

3092　tub

くだ、チューブ

3093　tube

<u>かようび</u>にアシュレイは ピアノのレッスンがあります。

On Tuesdays Ashley has
piano lessons.

3094　Tuesday

ひっぱる

3095　to tug

チューリップ

3096　tulip

ころぶ、ころがる

3097　to tumble

トンネル

3098　tunnel

しちめんちょう

3099　turkey

ひだりに<u>まわす</u>

3100　to turn

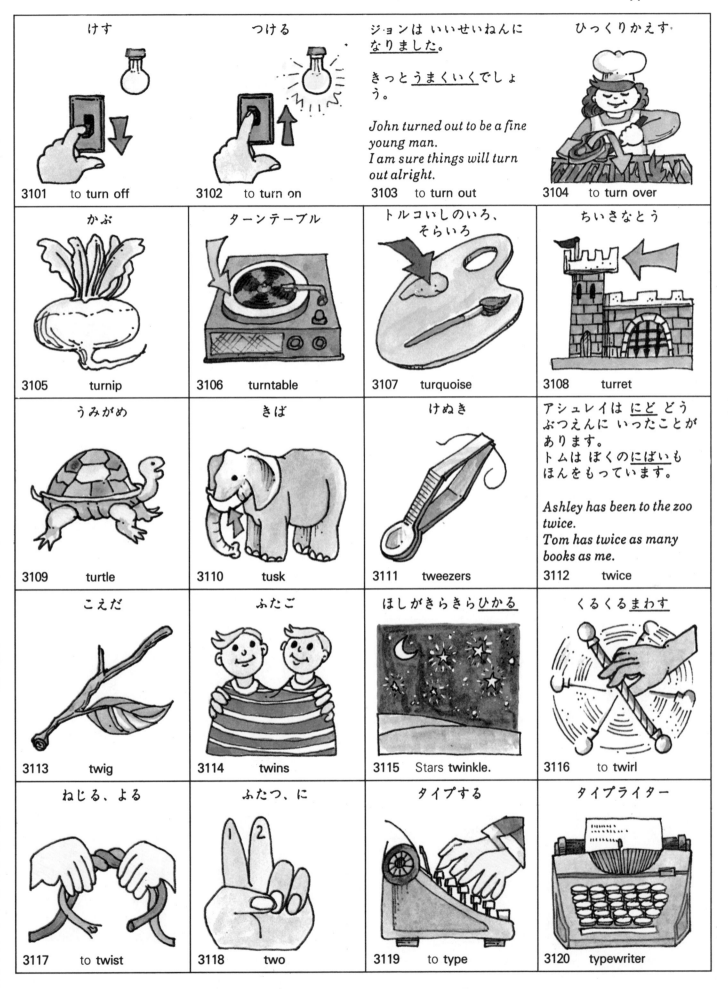

けす
3101　to turn off

つける
3102　to turn on

ジョンは いいせいねんに なりました。

きっと うまくいく でしょう。

John turned out to be a fine young man.
I am sure things will turn out alright.

3103　to turn out

ひっくりかえす
3104　to turn over

かぶ
3105　turnip

ターンテーブル
3106　turntable

トルコいしのいろ、そらいろ
3107　turquoise

ちいさなとう
3108　turret

うみがめ
3109　turtle

きば
3110　tusk

けぬき
3111　tweezers

アシュレイは にど どうぶつえんに いったことが あります。
トムは ぼくの にばいも ほんをもっています。

Ashley has been to the zoo twice.
Tom has twice as many books as me.

3112　twice

こえだ
3113　twig

ふたご
3114　twins

ほしが きらきらひかる
3115　Stars twinkle.

くるくるまわす
3116　to twirl

ねじる、よる
3117　to twist

ふたつ、に
3118　two

タイプする
3119　to type

タイプライター
3120　typewriter

みにくい
3121 ugly

かさ
3122 umbrella

トムおじさんは おかあさんの おにいさんです。

もうひとりの おじさんは おとうさんの おとうとです。

Uncle Tom is my mother's elder brother.
My other uncle is my father's younger brother.
3123 uncle

アシュレイは テーブルの したに かくれています。

ごさいいかのこどもは いかれません。

Ashley is hiding under the table.
Children under 5 cannot go.
3124 under

わかる、りかいする
3125 to understand

したぎ
3126 underwear

ぬぐ
3127 to undress

かなしい、ふこう(な)
3128 unhappy

ユニコーン
3129 unicorn

ユニフォーム
3130 uniform

だいがく
3131 university

にをおろす
3132 to unload

かぎをはずす
3133 to unlock

つつみをあける
3134 to unwrap

まっすぐ
3135 upright

さかさま
3136 upside-down

つかう
3137 to use

つかいきる
3138 to use up

やくにたつ ナイフ
3139 useful

	きゅうか、やすみ	じょうき	ニスをぬる
	3140 vacation/holiday*	3141 vapor/vapour*	3142 to varnish

かびん	こうしのにく	やさい	のりもの
3143 vase	3144 veal	3145 vegetable	3146 vehicle

ベール	けっかん	ベノムは どくへびのどく です。 Venom is the poison of a poisonous snake.	すいちょく(の)、たて(の)
3147 veil	3148 vein	3149 venom	3150 vertical

スポットは とてもいい いぬです。アシュレイは カールが たいへんあたまがいいと おもいます。 Spot is a very nice dog. Ashley thinks Carl is very clever.	ベスト、チョッキ	じゅうい	ぎせいしゃ
3151 very	3152 vest/waistcoat*	3153 veterinarian/veterinary surgeon*	3154 victim

ビデオ	ビデオのテープ	やまのうえのけしきは す ばらしかったです。ひとりひとり もののみか たが ちがいます。 What a wonderful view from the top of the mountain! We each have our own point of view.	むら
3155 video recorder	3156 video tape	3157 view	3158 village

わるもの	つる	す	すみれ
3159 villain	3160 vine	3161 vinegar	3162 violet
バイオリン	ビザ、さしょう	こんやは くもが おおくて ほしが ほとんど みえません。 *There are many clouds tonight and the stars are barely visible.*	ほうもんする、たずねる
3163 violin	3164 visa	3165 visible	3166 to visit
バイザー	このじしょは ごいをふやすのに やくだちます。 *This dictionary helps increase your vocabulary.*	こえ	かざん
3167 visor	3168 vocabulary	3169 voice	3170 volcano
バレーボール	ボランティア	はく、もどす	とうひょうする
3171 volleyball	3172 volunteer	3173 to vomit	3174 to vote
ゆうけんしゃ	A,E,I,O,U は えいごの ぼいんです。 *A,E,I,O,U are vowels in English.*	こうかい	はげたか
3175 voter	3176 vowel	3177 voyage	3178 vulture

あさいプール	ワッフル	ワゴン
3179 to wade	3180 waffle	3181 wagon/cart*

なきさけぶ	ウエスト	まつ	おこす
3182 to wail	3183 waist	3184 to wait	3185 to wake

あるく	かべ	さいふ	くるみ
3186 to walk	3187 wall	3188 wallet	3189 walnut

せいうち	まほうつかいの<u>つえ</u>	ほうろうする、さまよう	ケーキが もっと<u>ほしい</u> ひとは（だれですか）？ おかあさんは アシュレイ に おさらあらいをてつだ って<u>もらいたい</u>のです。 *Who wants more cake ? Mother wants Ashley to help wash the dishes.*
3190 walrus	3191 wand	3192 to wander	3193 to want

せんそう	いしょう	そうこ	あたたかい
3194 war	3195 wardrobe	3196 warehouse	3197 warm

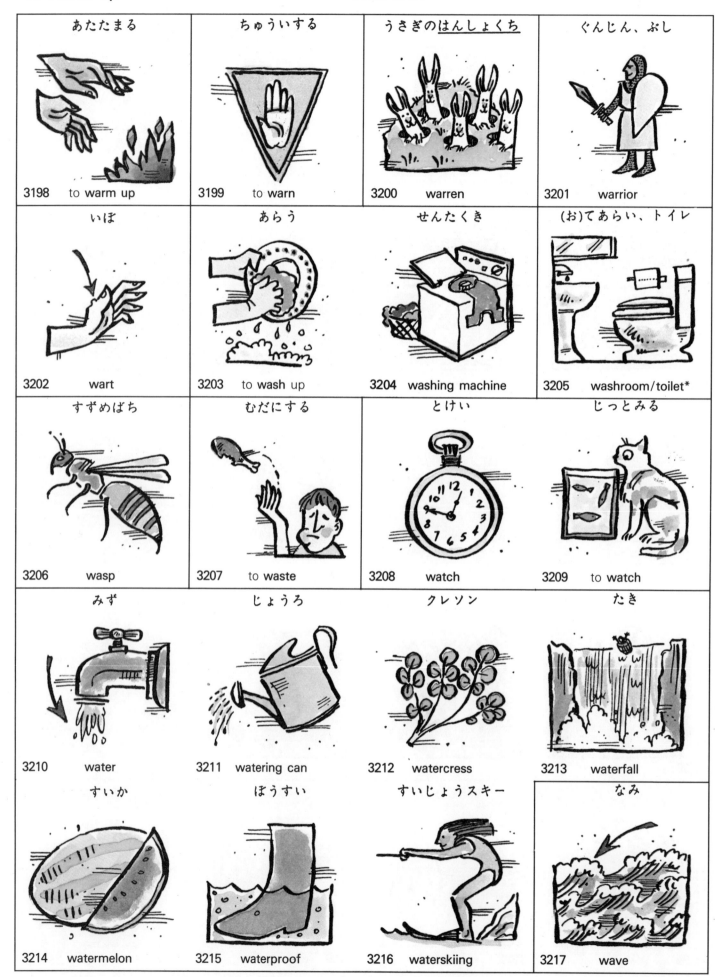

あたたまる	ちゅういする	うさぎのはんしょくち	ぐんじん、ぶし
3198 to warm up	3199 to warn	3200 warren	3201 warrior

いぼ	あらう	せんたくき	(お)てあらい、トイレ
3202 wart	3203 to wash up	3204 washing machine	3205 washroom/toilet*

すずめばち	むだにする	とけい	じっとみる
3206 wasp	3207 to waste	3208 watch	3209 to watch

みず	じょうろ	クレソン	たき
3210 water	3211 watering can	3212 watercress	3213 waterfall

すいか	ぼうすい	すいじょうスキー	なみ
3214 watermelon	3215 waterproof	3216 waterskiing	3217 wave

てをふる 3218　to **wave**	ウェーブのある 3219　**wavy**	ろう 3220　**wax**	よわい 3221　**weak**
ぶき 3222　**weapon**	きる 3223　to **wear**	いたち 3224　**weasel**	てんき 3225　**weather**
おる 3226　to **weave**	みずかきあし 3227　**web foot**	けっこんしき、こんれい 3228　**wedding**	くさび(がたのもの) 3229　**wedge**
すいようびには アシュレイは ごみをだします。 *On Wednesdays, Ashley takes out the garbage.* 3230　**Wednesday**	ざっそう 3231　**weed**	しゅう 3232　**week**	ベラおばさんが しゅうまつ あそびにきます。 ラジオでは、このしゅうまつ あめがふるといっています。 *Aunt Vera will visit us this weekend.* *The weatherman says it will rain this weekend.* 3233　**weekend**
なく 3234　to **weep**	はかる 3235　to **weigh**	ふしぎ(な)、 きみょう(な)、へん(な) 3236　**weird**	むかえる、かんげいする 3237　to **welcome**

いど	げんき	にし	ぬれている
3238 well	3239 I feel well.	3240 west	3241 wet

くじら	はとば	ねこを どうしたんですか？ あさごはんになにをたべますか。 *What did you do to your cat?* *What are you going to have for breakfast?*	ぬらす
3243 whale	3244 wharf	3245 what	3242 to wet

むぎ	しゃりん	いちりんしゃ	くるまいす
3246 wheat	3247 wheel	3248 wheelbarrow	3249 wheelchair

いつ ベロおばさんは きますか。 おたんじょうびは いつですか。 *When is Aunt Vera coming?* *When is your birthday?*	どこで うまれましたか。 ねこがまいごになって どこにいるか わかりません。 *Where were you born?* *Our cat is lost and we have no idea where she is.*	どれ	めそめそする
3250 when	3251 where	3252 which one	3253 to whine

むち	よたか	あわたてき	ほおひげ
3254 whip	3255 whippoorwill	3256 whisk	3257 whisker

ささやく	ふえ	くちぶえを ふく	しろ
3258　to whisper	3259　whistle	3260　to whistle	3261　white
だれが きますか。	どうしてか しりたいです。どうして アシュレイは おぼえられないのですか。 *I want to know why. Why can Ashley not remember ?*	ろうそくのしん	わるい
3262　Who is going?	3263　why	3264　wick	3265　wicked
はばが ひろい	(きみの) おくさん、(ぼくの) かない	やせいのどうぶつ	やなぎ
3266　wide	3267　wife	3268　The lion is a wild animal.	3269　willow
しおれる	ずるい	かつ、ゆうしょうする	ちぢみあがる、すくむ
3270　to wilt	3271　wily	3272　to win	3273　to wince
かぜ	まく	ウィンドブレーカー	ふうしゃ
3274　wind	3275　to wind	3276　windbreaker	3277　windmill

まど	フロントガラス	ワイン、ぶどうしゅ	はね、つばさ
3278 window	3279 windshield/windscreen*	3280 wine	3281 wing

ウィンクする	ふゆ	ふく	でんせん
3282 to wink	3283 winter	3284 to wipe	3285 wire

おじいさんは <u>かしこい</u> ろうじんです。 はやしのなかへ ひとりで いくのは <u>かしこく</u>ありません。 *Grandfather is a wise old man.* *It is not wise to go into the forest alone.* 3286 wise	ねがい 3287 to make a wish	まほうつかい、まじょ 3288 witch	まほうつかい (おとこ) 3289 wizard

おおかみ	おんなのひと、じょせい	ふしぎがる	すばらしい
3290 wolf	3291 woman	3292 to wonder	3293 wonderful

ざいもく	きつつき	はやし、もり	もっこう
3294 wood	3295 woodpecker	3296 woods	3297 woodwork

ウール 3298 wool	ことば 3299 word	しごと 3300 work	はたらく 3301 to work
ワークショップ、しごとば 3303 workshop	せかい 3304 world	みみず 3305 worm	うんどうする 3302 to work out
しんぱいする 3306 to worry	けが、きず 3307 wound	つつむ 3308 to wrap	はなわ 3309 wreath
こわれたもの、ざんがい 3310 wreck	みそさざい 3311 wren	レスリングする 3312 to wrestle	しぼる 3313 to wring
てくび 3314 wrist	うでどけい 3315 wristwatch	かく 3316 to write	ひとをだましたり、うそをついたりするのは わるいことです。 このバスは まちがったほうこうに いっています。 *It is wrong to cheat and to lie.* *Our bus is going the wrong way.* 3317 wrong

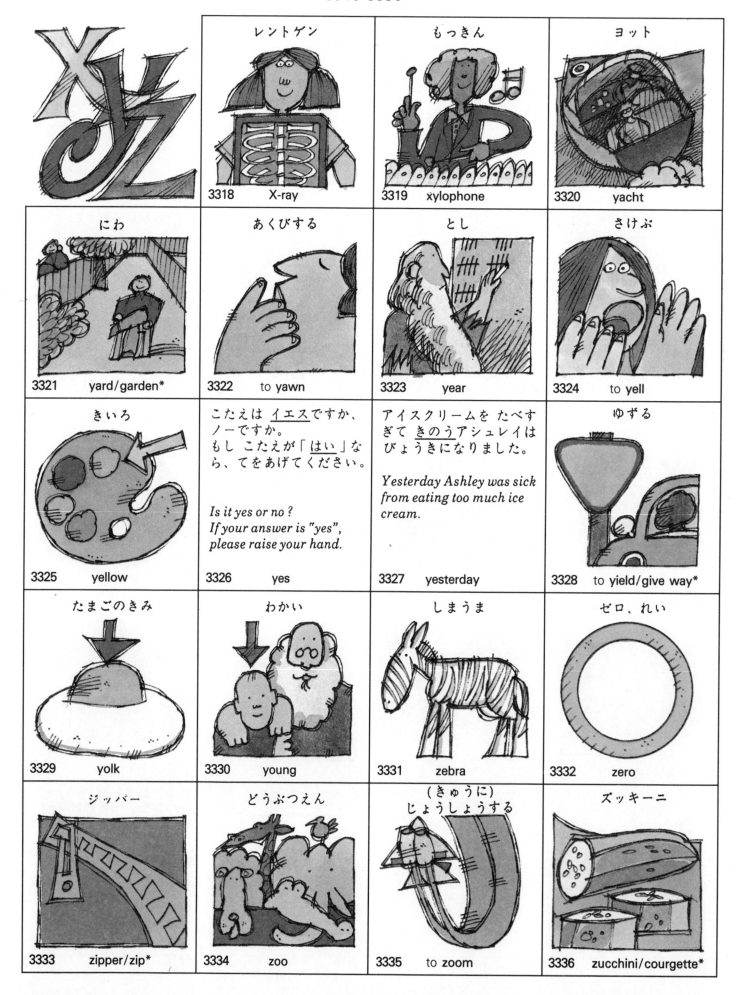

	レントゲン	もっきん	ヨット
	3318 X-ray	3319 xylophone	3320 yacht

にわ	あくびする	とし	さけぶ
3321 yard/garden*	3322 to yawn	3323 year	3324 to yell

きいろ

3325 yellow

こたえは イエス ですか、
ノーですか。
もし こたえが「 はい 」な
ら、てをあげてください。

Is it yes or no ?
If your answer is "yes",
please raise your hand.

3326 yes

アイスクリームを たべす
ぎて きのう アシュレイは
びょうきになりました。

Yesterday Ashley was sick
from eating too much ice
cream.

3327 yesterday

ゆずる

3328 to yield/give way*

たまごのきみ	わかい	しまうま	ゼロ、れい
3329 yolk	3330 young	3331 zebra	3332 zero

ジッパー	どうぶつえん	（きゅうに） じょうしょうする	ズッキーニ
3333 zipper/zip*	3334 zoo	3335 to zoom	3336 zucchini/courgette*

HIRAGANA INDEX

The following index lists in alphabetical order all the Hiragana terms used in this dictionary. The number(s) following each term refer to the picture number(s) in which the term appears. For a complete listing of Hiragana, Kanji and Romaji terms, see the Concordance at the back of this book.

ジッパー 3333　　シャベル 2622　　しゅるい 1528　　　　　　1209
しっぱい 939　　ジャム 1477　　じゅんしゅ(の) 1122　　じょせい 1556, 3291
しっぽ 2908　　しゃめん 2692　　しょう¹ 488　　しょっきあらいき 786
しつもんする 2313　　じゃりー 1192　　しょう² 2250　　ジョッキー 1491
しつりょう 1744　　しゃりん 3247　　じょう 1677, 1992　　しょっきだな 697, 1409
しつれい 919　　しゃれた 953　　じょうおう 2312　　ショック 2608
じてんしゃ 244, 246, 714　　シャワー 2626　　しょうが 1140　　しらせる 1438
じどう 130　　ジャンク 1508　　しょうがい 1254　　しらべる 499, 916, 1447
しどうしゃ 1598　　ジャングル 1507　　しょうかいする 1456　　シリアル 477
じどうしゃ 436　　ジャンパー 1504　　しょうかき 931　　しりたがりや 702
しぬ 763　　ジャンパーケーブル　　しょうかする 767　　しりつ(の) 2249
しはいしゃ 2473　　　　1505　　しょうがっきん 2525　　シリンダー 715
しばかりき 1593　　シャンプー 2581　　しょうがっこう 2239　　しろ 456, 3261
しばふ 1592　　ジャンプする 1500　　じょうき 3141　　しろくま 2183
しばる 250　　しゅう 3232　　じょうきゃく 2037　　シロップ 2901
じびき 762　　じゅう 2957　　しょうこ 2260　　しろのあと 2471
ジプシー 1142　　じゆう(な) 1068　　しょうご 1788, 1921　　しん 3264
しへい 247　　じゅうい 3153　　じょうご 1088　　しんきろう 1804
しぼる 3313　　しゅうかく 677　　しょうこう 1940　　シングル 2602
しま¹ 1467　　じゅうがつ 1934　　じょうざい 2117, 2904　　しんけい 1897
しま² 2854　　しゅうかん 1234　　しょうじき 781, 1357　　しんけいしつ 1898
しまうま 3331　　しゅうげき 2334　　しょうしょう 1822　　しんごう 3048
じまんする 297, 330　　じゅうじか 678　　じょうしょうする 3335　　しんごうをおくる 2639
しみ 287, 2767, 2787　　しゅうしふ 2087　　しょうぞうが 2206　　しんし 1121
しめころす 2841　　じゅうしょ 17　　しょうたい 1461, 1462　　しんしつ 215
しめる¹ 1819　　しゅうじん 2248　　じょうだん 1495　　しんじつ 3090
しめる² 960, 2999　　じゅうしん 180　　しょうとつ 579, 580　　ジンジャーブレッド 1141
しめる³ 2672　　ジュース 1498　　しょうねん 327　　しんじゅ 2062
じめん 1216　　しゅうぜんする 2399　　じょうはつ 910　　しんじる 228
しも 1078　　しゅうだん 1218　　じょうひん(な) 1176　　しんせい(な) 1354, 2484
しもん 994　　じゅうたん 446　　しょうぼうし 1001　　じんせい 1634
ジャービル 1125　　しゅうちゅうする 602　　しょうぼうしゃ 998　　しんせき 2392
シャープ(な) 2584　　じゅうでんする 492　　しょうめい 1015　　しんせつ(な) 1529
じゃがいも 2213　　じゅうにがつ 739　　しょうめいしょ 479　　しんせん(な) 1070
しゃがむ 2780　　じゅうばんめ 2961　　しょうめいする 2267　　しんぞう 1294
じゃぐち 964, 2929　　じゅうぶん 900　　じょうりょくじゅ 913　　じんぞう 1522
しゃけ 2494　　しゅうまつ 3233　　じょうろ 3211　　しんだ 736
ジャケット 1473　　じゅうよう 1428　　ショーウィンドー 2615　　じんだい 1056
しゃこ 1102　　じゅうりょく 1193　　ジョーク 1495　　しんにゅうする 1457
しゃしょう 606　　じゅえき 2501　　ショートパンツ 2618　　しんぱいする 3306
しゃしん 2100　　じゅくす 2431　　ジョギングする 1492　　シンバル 716
しゃせん 1570　　しゅくだい 1356　　しょくじ 1758　　しんばんいん 2382
シャツ 2606　　しゅじゅつ 1954　　しょくだい 422　　シンプル(な) 2645
しゃっくり 1324　　しゅじん 1407　　しょくどう 771　　しんぶん 1904
シャッター 2632　　しゅちょうする 1446　　しょくぶつ 2145　　しんようする 3089
しゃどう 2051　　しゅっけつする 274　　しょくもつ 1043　　しんらい 943
しゃぶる 2862　　しゅっせき 2229　　しょくりょうひん 1210　　しんりょうじょ 545
しゃべる 496　　しゅみ 1343　　しょくりょうひんてん　　しんるい 2392

へ　ヘ

ほ　ホ

もう 55
もうしでる 1939
もうじん 276
もうひとつ 69
もうふ 268
もえる 386
モーター 1840
モーターボート 1585
もくざい 1704
もくようび 2991
もぐら 1820
もけい 1817
モザイク 1836
もし 1422
もじ 1622
モダン 1818
もちあげる 1297, 1636
もちかえり 2917
もちかえる 2913
もちさる 2912
もつ 1580
もつ、もっている **1281**, 1348, **1982**
もっきん 3319
もっこう 3297
もっていく 2910
もってくる 351
もつれる 2926
もどす 2375, 2987 3173
もの 2974
ものがたり 2835
ものほしづな 552
もみ **996**, 2777
もめん 636
もも 2056, 2971
もや 1284, 1809
もらう 2369
もり 1051, 3296
もる 1600
もろい 1065
モルモット 1227
もん 114
モンクフィッシュ 1826
モンスター 1827
もんだい 2251

や ヤ

や 103
やがい 1971
やかん 1516
やぎ 1162
やきゅう 185
やく 149, 1081, 1203
やくざいし 2096
やくそう 1314
やくそくする 2257
やくにたつ 3139
やくみのきいた 2751
やぐら 2513
やけどする 2514
やさい 3145
やさいばたけ 1105
やさしい¹ 867
やさしい² 1120, 1529
やしのみ 569
やすい 497
やすうり 172
やすまずに 2050
やすみ 1351, 3140
やすむ 1694, 2407
やせい 3268
やっきょく 2097
やっつ 878
やづつ 2321
やっつめ 879
やってみる 3091
やどりぎ 1810
やなぎ 3269
やね 2451
やねいた 2601
やねうら 124, 1681
やぶ 391
やぶく 2947
やま **1845**, 2116
やまごや 400, 1680
やまびこ 872
やり 1565, 2746
やわらかい 2720

ゆ ユ

ゆうかいする 1521
ゆうかん(な) 335
ゆうき 645

ゆうぐれ 854
ゆうけんしゃ 3175
ゆうごはん 2875
ゆうしょうする 3272
ゆうしょく 772, 2875
ゆうびんきょく 2209
ゆうびん 1717
ゆうびんはいたつ 1718
ゆうめい 951
ゆうり 22
ゆうれい 1134
ゆか 1029
ゆがんだ 676
ゆき 2712
ゆきどけ 2696
ゆげ 2806
ゆすぐ 2428
ゆする 2443
ゆずる 3328
ゆっくり 3078
ユニコーン 3129
ユニフォーム 3130
ゆび 993
ゆびさす 2177
ゆびぬき 2972
ゆびわ 2425
ゆぶね 194
ゆみ 322
ゆめ **819**, 820, 1913
ゆり 1647
ゆりいす 2445
ゆりかご 656
ゆるい 1689
ゆるす 1053

よ ヨ

よい 1167
ようい 2359
よういする 2269
ようき(な) 1775
ようさい 1057
ようし 1988
ようじ 906, 1435
ようせい 942
ようふく 551
ようふくだんす 549
ようふくや 2909

ようほうじょう 80
ようもう 1024
ヨーロッパ 909
よくばり(の) 1197
よこぎる 15, 679
よこすべり 2663
よこになる 1633
よごれ 2767
よごれた 776, 1204
よし 2378
よすてびと 1317
よたか 3255
よだれかけ 243
よだれ 824, 834
ヨット 3320
よびのタイヤ 2741
よびだす 411
よぶ 409
よむ 2358
よりわける 2732
よる¹ 837
よる² 1911
よる³ 2831
よる⁴ 3117
よろい 97
よわい 3221

ら ラ

ラード 1575
らいう 2990
ライオン 1658
ライバル 2435
ライム 1649
ライむぎ 2482
ライラック 1646
らく(な) 590, 867
ラクーン 2325
らくだ 413
らくのう 721
ラジエーター 2329
ラジオ 2330
ラズベリー 2347
らせんじょう(の) 2758
らっぱ 373
ラディッシュ 2331
ラベル 1550
ラベンダー 1590

ROMAJI INDEX

The following index lists in alphabetical order the Romaji equivalents of the Hiragana terms used in this book. Not all Hiragana terms have a Romaji expression, and some Romaji expressions (those taken directly from English) have been excluded from this index. All other Romaji expressions are listed alphabetically, with the picture number following. For a complete listing of Hiragana, Kanji and Romaji terms, see the Concordance at the back of this book.

a

abarabone 2414
abokado 133
abura 1195, 1942
aegu 2013
afureru 1977
agaru 1160
ageru 1081, 1145, 1184, 2987
ago 515, 1481
ahiru 847
ai 1695
ai suru 1696
ai-iro 1433
aida 242
aidia 1418
airisu 1463
airon 1465
airon o kakeru 1464
aisatsu suru 1201
aisu 1413
aite ni shinai 1891
aite iru 1952
aizu suru 2639
aji 1021
ajia 109
ajiwau 2938
aka 2377
akachan 140
akamboo 140
akarui 350
akeru 1953
aki 131, 945
akubi suru 3322
akumu 1913
akushuu o hanatsu 2702, 2821
amado 2632
amai 2891
ame 423
ame ga furu 2337
amido 2538
amu 1543
an'nai suru 1225
ana 310, 826, 1351
anaunsu suru 68
anshoo suru 2372
anzen (na) 2487
anzu 87
ao 291
aoi 291
araiguma 2325
arappoi 564, 2460

arashi 2834
arau 3203
arawareru 82, 2625
ari 71
arubamu 43
aruku 3179, 3186
arumi 58
asa 1834
asagohan 340
asai 2580
ase o kaku 2888
ashi 1044, 1611, 2052, 2378
ashi no yubi 3013
ashiato 1046
ashikubi 67
ashioto 1047
ashita 3018
asobiba 2155
asobu 2154
atama 289, 1287, 2517
atama ga ii 2698
atarashii 1902
atatakai 566, 3197
atatamaru 3198
atatameru 1295
ateru 1223
ato de 26
atomawashi 2299
atsui 1383
atsumeru 577, 1115
au 1767
awa 367, 1039, 1583
awaseru 586, 1493
awatateki 3256
ayamaru 81
ayame 1463
ayatsuri ningyoo 2289
azami 2978
azukeru 499

b

bagu 1272
baiten 1532
baka 1420, 2643
baka ni suru 1815
baketsu 368, 1994
bakkin 991
bakku suru 143
bakuha suru 270
bakuhatsu 269, 930

bangohan 772
bangumi 2254
bara 2456
barairo (no) 2458
basho 2137
bassuru 2287
basutee 390
batan to shimeru 2672
batee 1212
batsu 2288
batta 1189, 1679
bazeru 187
benkyoo suru 2857
bentoo 1706
bentoobako 1707
beree-boo 237
beto beto shita 2817
bideo 3155
bideo dekki 3155
bideo teepu 3156
biidama 1732
bikko 1562, 1651
bikkuri saseru 1074
bikkuri paatii 2880
bimboo 2195
bin 316, 1480
binkan (na) 2565
biyooshi 1239
biza 3164
bo-in 3176
bokin 1086
bokujoo 2044
boodoo 2429
booenkyoo 2952
boofuu 1404
booken 23
bookire 2816
booru 155, 324
boorubako 451
boorugami 439
booryoku-dan 1100
booshi 430, 1276
booshikake 2327
boosui 3215
botan 397
budoo 1185
budooshu 3280
bukakkoo 137
buki 3222
bun 1064, 2310
buna 217
bunshoo 2566

bura bura shite iru 1421
buranko 2894, 2895
burashi o kakeru 362, 1213
bureeki o kakeru 333
burendaa 275
burokku suru 282
bushi 3201
bushoo-mono 2691
buta 2113, 2736
butagoya 2115
butai 2786
butsu 2674, 2852
butsukaru 579, 659
byoo 2905
byoodoo 904
byooin 1382
byooki 782, 1425, 2634
byoonin 1458

c

chairo 360
chakuriku suru 1567
chawan 696
chi 284
chi ga deru 274
chichioya 963
chigai 764
chigatta 765
chiheesen 1372
chiiki 791, 2386
chiisai 2697, 3003
chiisai fune 770
chiisana nami 1666, 2432
chiisana too 3108
chijimiagaru 3273
chijimu 2629
chijire-ge 701
chikai 1881
chikashitsu 186, 471
chikazuku 86
chikoku 1582
chikyuu 862
chimeeteki 962
chinomigo 1435
chirakasu 1665
chiri 1123
chitchana 3003
chizu 119, 1730
chizuchoo 119

genki ga ii 1668
genkin 454
genkotsu 1008
genshi 121
gensoku 2244
getsu 1828
getsuyoobi 1823
gifuto 1136
gikai 2027
gin 2644
ginkoo 166
giron suru 94, 781
giseesha 3154
gishi 897
gitaa 1228
giza giza 1475
go 1009, 1571
go gatsu 1752
gobam me 983
gochisoo 969
gogo 27
gohan 2416
goi 3168
gokakkee 2079
gomen nasai 919
gomi 1103, 1292
gomi no yama 850
gomi-ire 1104
gomu 2465
gooban 2171
goojasu (na) 1171
gooka (na) 1171
gootoo 2440
goro 99
gorufu 1166
gun 2887
gunjin 3101
gurafu 1187
gurai 2
guramu 1179
guriin piisu 1199, 2063
gururi to 99
guusuu 911
guuwa 936
gyaku 2410
gyokuza 2985
gyoogi ga ii 225, 1728
gyuunyuu 1793

h

ha 265, 1599, 3024
ha ga itai 3025

haba ga hiroi 3266
habataki suru 1014
haburashi 365, 3026
hachi 216, 878
hachi no su 1340
hachibam-me 879
hachidori 1398
hachigatsu 126
hachimitsu 1358, 1359
hachuurui 2403
hada 2664
hada-zamui 512
hadaka 1872
hadashi 171
hae 1036
haeru 1219
hagane 2807
hagetaka 3178
hagete iru 154
hagitoru 2948
haguki 1231
haguruma 1116
hahaoya 1839
hai 107, 1036, 1708, 3326
haiden-ban 2010
haijakku suru 1332
haikankoo 2167
hairu 901, 1129, 1159
haisha 748
haisui-guchi 815
haitatsu suru 746
haizara 108
hajimaru 224
haka 1191, 3017
hakai suru 753
hakari 2515
hakaru 1761, 3235
hake 364, 1999
hakka 2082
hakkakkee 1933
hakken suru 780
hako 325, 453
hakobu 449, 3057
haku 2890, 2987, 3173
hakubutsukan 1860
hakuchi 1420
hakuchoo 2885
hakushu suru 83, 537
hamaguri 535

hamaki 530
hambun 1241
hameru 122
hamigaki 3027
han'en 2563
hana 285, 1032, 1923
hanabi 1000
hanabira 2094
hanamuko 346, 1211
hanarejima 2396
hanareru 78
hanareta 790
hanashi 936, 2835, 2918
hanashiau 781, 2920
hanasu 1621, 2394, 2745, 2920
hanataba 321
hanawa 3309
hanayome 345
hane 970, 3281
hane buton 2319
hane pen 2317
hanebashi 817
hanekasu 2761
hanemawaru 2225
hanji 1496
hankachi 1264
hankee 2332
hanketsu 2566
hankoo suru 2367
hankyuu 1311
hansamu (na) 1257
hansha suru 2383
hanshoku-chi 3200
hantai 1956
hantai suru 2367
hanzai gemba 2523
hanzai-nin 671
happa 1599
harappa 982, 2140
harau 2053
haretsu suru 387
hari 1890, 2238, 2318
harinezumi 1301
haru 1594, 2041, 2773
hasami 539, 2123, 2528
hashi 347, 526, 874

hashibami 1285
hashigo 1554
hashika 1760
hashira 2118, 2184
hashiru 2475, 2776
hassha dai 1587
hassha suru 1586
hasshin 2346
hata 1011, 1687
hatake 982
hataraku 3301
hato 808, 2114
hatoba 2311, 3244
hatsuka nezumi 1846
hatsumee suru 1459
hatsuon 2259
hau 661
haya 1799
hayai 860, 959, 2314, 2344
hayashi 1051, 3296
hazureru 2133
hazukashigari 2633
hazukashigaru 889
hazumu 320
hebi 2707
heekoosen 2020
heetai 2721
heewa 2055
heeya 2140
hei'ei 178
hekomasu 747
hekomi 1214
hen (na) 3236
hensoo 783
hentoosen 3022
heri 1310
heso 230
heya 2452
hi 735, 997
hi ga tsuku 44
hi o tsukeru 1638
hi o okosu 2824
hi-dokee 2870
hibana 2742
hibari 1577, 1757, 2670
hibi 654
hida 2160
hidari 1609
hidari-kiki 1610
hidoi 136
hifu 2664

higashi 866
hige 206
hige o soru 2589
higesori 2356
hiiragi 1353
hiji 881
hijikake isu 96
hijooguchi 999
hijoojitai 892
hikaru 2743, 3115
hikidashi 818
hikigane 3073
hikizuru 812, 1279
hikkaku 2537
hikkurikaeru 1979,
3004, 3030
hikkurikaesu 3104
hikooki 39
hikooshi 2121
hiku 1206, 2277,
2477, 2861
hikui 1698
himawari 2871
himitsu 2555
himo 2842, 2853
himo o musubu
1553
hinagiku 722
hinanjo 2596
hinode 2872
hinto 557
hipparu 1279, 2277,
2839, 3038, 3095
hippu 1336
hiraishin 1643
hiraku 1953
hirame 2722
hiranabe 2007
hire 990
hirogaru 923
hiroin 1319
hiroma 1242
hishaku 1555
hitai 1050
hito 2089
hitobito 2080
hitokire 2110
hitokuchi 257
hitori de 51
hitotsu 1949
hitsugi 572
hitsuji no ke 1024
hitsuji 2592
hitsujikai 2597

hitsuyoo 1883, 1888
hittakuru 1175
hiyake 2924
hiza 1540, 1573
hiza o tsuku 1541
hizuke 733
hizume 1365
ho 2488
ho'ohige 3257
ho(h) o akarameru
294
ho(h)o 500
hodoo 2636
hoeru 174, 2438
hoka ni 239
hokakebune 2490
hokkyoku 93
hokkyoku-guma
2183
hokoosha 2070
hokori 775, 855
hokoritakai 2266
hokoru 2266
hokuro 1821
hommono (no)
1122, 2360
homeru 2224
hon 305
hondana 306
hone 303
hono'o 271, 1013
hontoo 3084
hontoo ni 2362
hontoo (no) 2360
hontoo no koto
3090
hoohoo 1783
hooki 357
hookoo 774
hoomon suru 3166
hoomu 2153
hoorensoo 2756
hooritsu 1591
hooroo suru 3192
hooseki 1117, 1488
hootai 163
horaana 466
hori 1814, 3067
horu 766
hoshi 2795
hoshibudoo 2341
hoshigusa 1283
hoshii 3193
hoshoo 2567

hosoi 2973
hosshin 2346
hossori shita 2684
hosu 843
hotategai 2516
hoteru 1386
hotondo 50
hyakashoku megane
1511
hyakkaten 749
hyaku 1400
hyoo 1236, 1617,
2014
hyooga 1148
hyoohakuzai 273
hyoomen 2877
hyooryuu suru 825
hyoozan 1415

i

i 2825
ibo 3202
iburu 2380
ichi 1949
ichi-gun 1027
ichi-nen-see 1177
ichiban 240, 1004
ichiban ue 3028
ichido 1948
ichigatsu 1479
ichigo 2844
ichirinsha 3248
idetachi 1972
ido 3238
ie 1355, 1389
ifuku 551
ii 1167, 1907
iiharu 1446
iizeru 865
iji no warui 1759
ijimekko 379
ika 2782, 3124
ikada 2333
ikari 62
ike 2191
iken 777
ikeru 100
iki 341, 342, 522
ikimono 666
ikite iru 45
iku 1157
ikutsuka 2572
ima 1669
imooto 2652

in 2413
inago 1679
inaka 642
inanaku 1892
inchi 1431
inemuri (o) suru 810
inisharu 1440
inku 1443
inoru 2226
inoshishi 295
insatsu suru 2245
inseki 1780
inu 799, 2290
inugoya 1514
ippai ni suru 986,
987
ippai 1084
irakusa 1900
irie 196
iriguchi 902
iro 581
iru 1889
iruka 801
ise-ebi 1675
iseki 2471
isha 798
ishi 319, 2826
ishikeri geemu 1371
ishiki ga modoru
589
ishikiriba 2309
ishoo 634, 3196
isogashii 392
isogu 1405, 2747
issho ni 3014
issoku 2002
isu 482
ita 296, 2144, 2601
itachi 3224
itai 11, 1406, 2729
itameru 1081
itami 1995
itanda 145, 2763
itazura 1879
ito 2980, 2981
itoko 647
itomaki 2381, 2765
itosugi 717
itsu 3250
itsumo 59
itsutsu 1009
itsutsu ka muttsu
2572
itsutsu-me 983

itteki 835
iwa 2442
iwashi 2502
iwau 468, 612
iya (na) 1060, 2702
izumi 2774

j

jagaimo 2213
jaguchi 964, 2929
jampu suru 1500
jamu 1477
janguru 1507
janku 1508
jari 1192
jetto-ki 1486
ji 489
jibiki 762
jidoo 130
jidoosha 436
jigoku 1304
jikan 1387, 3002
jikan o mamoru 2285
jikken 926
jikkenshitsu 1551
jiko 7
jiko o okosu 659
jiku 139
jiman suru 297, 330
jimen 1216
jindai 1056
jinsee 1634
jinzoo 1522
jishaku 597, 1713
jishin 864
jishin ga aru 610
jisho 762
jitensha 244, 246, 714
jitto miru 2796, 3209
jiyuu (na) 1068
jogingu suru 1492
joo 1677, 1992
joo'oo 2312
joodan 1495
joogo 1088
joohatsu 910
joohin (na) 1176
jooki 3141
jooku 1495
jookyaku 2037
jooro 3211

jooryokuju 913
jooshoo suru 3335
joozai 2117, 2904
josee 1556, 3291
jueki 2501
jukusu 2431
junshu (no) 1122
juu 2957
juu'i 3153
juu-gatsu 1934
juuban-me 2961
juubun 900
juuden suru 492
juujika 678
juuni-gatsu 739
juuryoku 1193
juushin 180
juusho 17
juusu 1498
juutan 446
juuyoo 1428

k

ka 1837
kaaru suru 700
kaaten 705
kaba 1337
kabaa suru 648
kaban 349
kabe 3187
kabin 3143
kabocha 2283, 2779
kabu 3105
kabutomushi 221
kachiku 462
kado 630
kaedama 806
kaeru 486
kaeru 1277
kaeru 1075
kaeru 2409
kaesu 352, 1146, 2409
kafun 2189
kagami 1805
kagamu 2828
kagayaku 2600
kage 2577
kagi 1517, 1992, 1676, 3133
kagi o kakeru 1676
kagi o hazusu 3133
kagibari 1366
kagiri 1650

kago 188
kago 404
kagu 1093
kai 1768, 1990, 2544, 2595
kaibashira 2516
kaibutsu 1827
kaichuu dentoo 1017
kaidan 2788
kaigan 200, 565, 2616
kaigara 2595
kaigi 1768
kaigoo 1768
kaigun taishoo 18
kaiketsu suru 2723
kaisha 1003
kaisoo 2553
kaiteki (na) 590
kaiwa 618
kaizoku 2129
kaji 997, 1306, 2468, 2810
kajiya 264
kajuen 1960
kakashi 2520
kakato 1302
kakegane 1581
kakeru 1097, 1259, 1261, 1856
kakezan suru 1856
kaki 1985
kakimawasu 2822
kakine 1300
kakko ii 1882, 2698
kakkoo 693, 1972
kaku 816, 1469, 3316
kakudaikyoo 1715
kakudo 64
kakunooko 1262
kakureba 1327, 2596
kakureru 1326
kakuseeki 378, 1693
kama 1524
kamboku 2630
kame 3034
kamera 414
kami 2017
kami no ke 1237
kamikire 2534

kaminari 1642, 2989
kamome 1230, 2545
kamoshika 73
kampan 741
kamu 256, 506, 1906
kan 417
(o)kan 572
kan'ningu suru 498
kanaami 2538
kanaeru 1184
kanai 3267
kanarazu 2876
kanariya 420
kanashii 2485, 3128
kanazuchi 1246
kane 229
kanemochi 2417
kangae 1418
kangaeru 2975
kangaruu 1512
kangee suru 3237
kangoku 1476
kani 653
kanja 2048
kanjiki 2714
kanjiru 973
kankiri 418
kankyaku 125
kanna 2142
kansatsu suru 1931
kansen 1436
kansetsu 1494, 1548
kansha suru 2964
kansooki 845
kantan 2645
kantanfu 918
kanzume 417
kao 937
kappatsu (na) 1668
kappu 696
kappuru 644
kara 893, 1076
karada 300
karai 1384
karamatsu 1574
karappo 893
karashi 1866
karasu 681
kari o suru 1402
kari'ireru 1275
kariru 313, 2398
karu 1852

karuku suru 1640
kasa 3122
kasasagi 1716
kasaneru 1595
kasegu 861
kaseki 1059
kashi no ki 1927
kashikoi 3286
kashira moji 1440
kassha 2278
kasu 1615, 1674
kata 1056, 1842, 2619
katabami 2730
katai 1268, 2818
katamari 529
katamuku 1601, 3001
katana 2899
katarogu 458
katatsumuri 2706
katazukeru 542, 2298
katsu 3272
kau 398
kawa 175, 687, 1090, 1604, 1325, 2424, 2436
kawaigaru 2093
kawaii 712
kawairashii 1697
kawaisoo (na) 2136
kawaite iru 832
kawakasu 843
kawari ni 1449
kawasemi 1531
kawauso 1969
kayoobi 3094
kayui 1470
kayumi 1468
kazan 3170
kazari 743
kazaru 742
kaze 3274
kazoeru 639
kazoku 950
ke 1237
ke no fusafusa shita 1091, 2578
keana 2201
kechi 1197, 1806
kechimbo 1806
keebu 1448
keekaku suru 2141

keekan 615, 2185
keeki 405
keekoku 2353
keemusho 1476, 2247
keeree suru 2496
keesanki 406
keesuuki 640
keeteki 1374
kega 1442, 3307
kegawa 1090
keisha shita 2673
kekkan 3148
kekkon-shiki 3228
kekkon suru 1740
kembikyoo 1786
kemono 207
kemushi 461
kenchikuka 92
kenka suru 984, 2308
kenkoo (na) 1291
kensa suru 1447
kenuki 3111
keredomo 393
keru 1518
keshi 2198
keshiki 2524, 3157
keshoo 1720
kesseki 4
kesshoo 2713
kesu 680, 3101
kettoo 848
kewashii 2470, 2808
kezuru 2536
ki 3065
ki no kawa 175
ki ni itta 967
ki no yasashii 1120
ki o ushinau 2035
ki no hahen 2762
kiba 954, 3110
kibarashi 2042
kibi kibi shita 31
kibishii 1274
kiboo ga nai 1370
kiboo suru 1369
kibun 2955
kichin to shita 1882, 2263, 2995
kieru 778, 1938
kigen ga ii 1830
kigen ga warui 1831
kiheetai 465

kiiro 3325
kiji 2098
kikansha 1678
kiken 729, 2434
kikku suru 1518
kikoeru 1293
kiku 110, 528, 1663
kikyuu 159
kimae no yoi 1119
kimeru 740
kimi 3329
kimi no warui 1215
kimochi no ii 2158
kimpatsu 283
kimyoo (na) 3236
kin 1126, 1164
kin'niku 1859
kinen'hi 1829
kingyo 1165
kinjiru 2255
kinoko 1861
kinoo 3327
kinyoobi 1071
kinzoku 1779
kiosuku 1532
kippu 2993
kira kira hikaru 3115
kirameku 2753, 3115
kirau 787
kire 550
kiree (na) 209, 2234, 2291
kiri 827, 1040, 1809
kirikabu 2859
kirin 1143
kirisame 833
kiritoru 711
kiritsukeru 2675
kiroguramu 1525
kiromeetoru 1526
kiru 452, 546, 709, 822, 2510, 2675, 3074, 3223
kiseki 1803
kisetsu 2550
kisha 3051
kishi 2616
kishu 1491
kiso 1061
kiso suru 492
kisoku 2472
kisu 1534, 1535
kita 1922

kitai 120, 1109
kitai suru 924
kitanai 776, 989, 1204
kitchin 1536
kitsune 1063
kitsutsuki 3295
kitte 2793
kitto 2876
kiyoo (na) 1258
kizamu 525
kizoku 1918
kizu 361, 2518, 3307
kizu tsukeru 1270
ko-eda 2816, 3113
ko-gatana 2078
ko-hitsuji 1561
ko-inu 2290
ko-nami 2432
ko-neko 1538
ko-uma 582
ko-ushi 408, 1451
ko-ushi no niku 3144
ko-yagi 1520
ko-zeni 485
kobito 856, 1790
koboreru 2754
kobosu 2754
kobu 380, 1399, 1705
kobushi 1008
kodomo 511, 1519
koe 3169
koeda 2816, 3113
kogeru 2531
kogitte 502
ko-gatana 2078
kogu 1991, 2463
koguma 691
koiru 573
koishi 2065
koishii 1807
koji 1967
kojiki 223
kojin 2249
koke 1838
kokemomo 1394
kokku 619
kokkyoo 309
koko 1316
kokonotsu 1914
kokonotsu-me 1915

kokoro 1795
kokuban 262
kokumotsu 1178
koma 3029
komadori 2441
komarasu 2091
komboo 556
komoriuta 1703
kon'nichiwa 1305
kona 1030
konagona 2588, 2699
konchuu 1444
konran suru 611
konrei 3228
(o)koo 1430
koo'un 1700
koo-no-tori 2833
koobutsu 1798
koocha 2941
koochi (o) suru 562
koochoo 2243
kooen 2024
koofu 1797
koofuku (na) 1266
koogen 2152
koogi suru 2265
koohii 571
koojoo 938
kooka 574
kooka (na) 925
kookai suru 2388
kookai 3177
kookan suru 3046
kookishin no tsuyoi 702
kookokuban 248
kookoo 1330
kookyuu (na) 2306
koomori 191
koori 1413
koori ga tokeru 2965
koorogi 670
kooru 1069
koosan suru 1147 2881
koosaten 1453
koosen 203, 2355
kooshaku fujin 846
kooshaku 849
kooshi 1451
kooshin suru 1733
kooshuu denwa 2054, 2272

koosoo biru 1379, 2671
koosui 2086
kootaishi 2241
kootaishi-hi 2242
kootoo gakkoo 1330
kootsuu 3047
koozan 1796
koozui 1028
kopii suru 624
koppa 517, 2762
koppu 1151
korobu 947, 3097
korogaru 2448, 3097
korosu 1523, 1858
koruku 627
koshi 1336
koshi o mageru 2828
koshikake 2827
koshoo 2081
koshoo suru 338
kosu 2838
kosuru 29, 2541
kotae 70
kotaeru 2402
kote 3082
koto 2974
kotoba 1571, 3299
kotonaru 765
kotowaru 2385
kotowaza 2268
kotte iru 2818
kowai 24
koware-yasui 353, 1065
kowareru 338, 940
kowareta 724
kowasu 337
koya 1408, 2576
koyama 1843
koyomi 407
kozutsumi 2022
ku 1914
ku-gatsu 2568
kubi 1884
kuchi 1848, 2768
kuchi o togarasu 2220
kuchibashi 202
kuchibeni 1660
kuchibiru 1659
kuchibue o fuku 3260

kuchihige 1847
kuchikukan 754
kuchiwa 1867
kuda 3093
kudamono 1080
kugi 1868
kui 2789
kuiin 2312
kujaku 20057
kujiku 2769
kujira 3243
kuki 2791, 2811
kuma 205
kumade 2134, 2342
kumo 553, 2752
kumo no su 567
kuni 643, 1876
kura 2486
kuraberu 596
kurai 730
kureyon 663
kuri 505
kurikaesu 2400
kuro 259
kuroi 259
kurosuguri 263
kuru 587
kurubushi 67
kuruma 436
kuruma-isu 3249
kurumi 1924, 3189
kurumi-wari 1925
kusa o taberu 1194
kusa 1188
kusabi 3229
kusahara 1756
kusari 480, 1603
kusatta 2459, 2763
kuse 1234
kushami o suru 2710
kushi 584
kusu kusu warau 1138
kusuguru 2994
kusuri 1765, 2117
kutsu 2609
kutsu-himo 2610
kutsuwa 348
kutsuya 2611
kuudoo 1352
kuuhaku 267
kuuki 36, 2282
kuukoo 40
kuwa 1347, 2739

kuzu 685, 1509, 1657
kyabetsu 399
kyaku 1224
kyampu 415, 416
kyodai (na) 899, 1137, 1396
kyohi suru 2385
kyojin 1135
kyoo 3012
kyoodai 2652
kyookoku 429, 2353
kyooryuu 773
kyooshi 2943
kyooshitsu 538
kyoosoo suru 2326
kyori 789
kyuu 1914, 2750
kyuu (na) 2808
kyuu ni 2883
kyuubam-me 1915
kyuuden 2003
kyuuji suru 2569
kyuujitsu 1351
kyuuka 3140
kyuukyuusha 60
kyuumee booto 1635
kyuuri 694
kyuuryuu 3033

m

maaku suru 1737
maamotto 1217
mabataki suru 277
machi 3041
machigai 949
machigatta 3317
mado 3278
mae 33, 222, 1077
maekagami 2694
maekake 89
maetate 1037
magatta 675
magatte iru 235
mageru 236
mago 1180
mahi suru 2021
mahiru 1788
mahoo 1711
mahootsukai 3288, 3289
maiku 1785
mainasu 1801
mainichi (no) 720

mairu 1792
majo 3288
majutsushi 2728
makka 2522
maku 3275
makura 2119
makura kabaa 2120
mame 204
mamoru 1222
mandorin 1725
maneku 1462
maneru 1815
mangekyoo 1511
mannaka 1789
manriki 536
maru 532
marui 2461
marumero no mi 2320
maruta 1682
massugu 2837, 3135
masu 3081
masutaa suru 1746
mata 28, 2258, 2971
matchi 1748
matenroo 2671
mato 2934
matsu 2125, 3184
matsubazue 688
matsubokkuri 609
matsuge 935, 1578
matsuri 941, 979
mattaku 75, 1419
mawaru 2755
mawasu 3100, 3116
mayonaka 1791
mayuge 933, 359
mazeru 1812, 2631
me 932
me ga samete iru 134
me no mienai hito 276
me ni mienai 1460
me-ushi 650
mecha-kucha 1776
medaru 1764
mee 1910
meeree suru 592
meero 1755
meetoru 1782
meeyo 1362

megahon 378
megane 934, 11152
mekyabetsu 366
memai ga suru 795
membaa 1771
memboo 2450
men 1743
mendoo o miru 440
mendori 1312
mensetsu 1454
meso meso suru 3253
mesu 974
mezamashi-dokei 42
mezurashii 2345
mi o kagameru 1395
mibun ga takai 1917
michi 2046, 2437, 2847
midori-iro 1198
mienai 3165
migaku 2187
migi 2422
migi-kiki 2423
migite 2421
miharu 1222
mikage-ishi 1183
mikan 1724, 2925
mikata 3157
miki 3087
mikisaa 275, 1813
mikkusu suru 1812
mimi 859
mimizu 3305
minami 2735
minashigo 1967
minato 1267, 2203
minikui 3121
mippee shita 38
miru 426, 1686, 2556
misaki 431
mise 2613, 2614, 2832
misebirakasu 2624
miseru 2623
mishin 2574
misosazai 3311
misuborashii 2575
mitasu 986
mitsu 1886
mitsubachi 80, 218
mittsu 2982

mittsu-me 2976
mizo 792, 1214, 1233, 3067
mizore 2681
mizu o fukitsukeru 2784
mizu 3210
mizuboosoo 5909
mizubukure 278
mizugoke 2064
mizukaki-ashi 3227
mizutamari 2274
mizuumi 1560
mo 57
mochiageru 1297, 1636
mochikaeri 2917
mochikaeru 2913
mochisaru 2912
modan (na) 1818
modosu 2375, 2987, 3173
moeru 386
mogura 1820
moji 1622
mokee 1817
mokkin 3319
mokkoo 3297
mokuyoobi 2991
mokuzai 1704
momen 636
momi 996, 2777
momo 2056, 2971
mon 1114
mondai 2251
mono 2974
monogatari 2835
monohoshi-zuna 552
moo 55
moo hitotsu 69
moofu 268
moojin 276
mooshideru 1939
morau 2369
moroi 1065
mori 1051, 3296
moru 1600
moshi 1422
motsu 1281, 1348, 1982
motsureru 2926
motte kuru 351
motte iku 2910

moya 1284, 1809
mozaiku 1836
muchi 3254
muda ni suru 3207
mugi 3246
muji (no) 2139
mukade 475
mukaeru 3237
mukashi 63, 2039
mukashi mukashi 1948
mukoo 15
mukoozune 2599
muku 2072
mukudori 2797
mune 504
mura 3158
murasaki-iro 2292
mure 1315, 1027
muryoku (na) 1309
mushi 372
mushi suru 1891
mushi-megane 1715
mushiru 2163
musubi-me 1546
musubu 2997
musuko 2725
musume 734
muttsu 2654
muttsu-me 2655
muuru-gai 1864
muusu 1833
myaku 2280
myooji 2879

n

nabe 463, 2007, 2212
nadare 132
nagagutsu 308
nagai 1685
nagaisu 637
nagameru 1686
nagamochi suru 1580
nagare 704
nagareru 1031
nagashi 2648
nageru 1403, 2132, 2986, 3035
naguru 2284
nai 77, 981, 1894, 1901, 1919
naifu 1542

yagai 1971
yagi 1162
yagura 2513
yakan 1516
yakedo suru 2514
yakkyoku 2097
yaku 149, 1081, 1203
yaku ni tatsu 3139
yakumi no kiita 2751
yakusoku suru 2257
yakusoo 1314
yakuzaishi 2096
yakyuu 185
yama 1845, 2116
yamabiko 872
yamagoya 400
yamagoya 1680
yanagi 3269
yane 2451
yaneita 2601
yaneura 124, 1681
yari 1565, 2746
yasai 3145
yasai-batake 1105
yasashii 867, 1120, 1529
yasee 3268
yashi no mi 569
yasumazu ni 2050
yasu'uri 172
yasui 497
yasumi 1351, 3140
yasumu 1694, 2407
yatte miru 3091
yattsu 878
yattsu-me 879
yawarakai 2720
yazutsu 2321
yobi no taiya 2741
yobidasu 411
yobu 409
yodare 824, 834
yodarekake 243
yogore 2767
yogoreta 776, 1204
yoi 1167
yoko ni naru 1633
yokogiru 15, 679
yokosuberi suru 2663
yoku 241, 1941
yokubari (no) 1197

yomu 2358
yoofuku 551
yoofuku-dansu 549
yoofuku-ya 2909
yoohoojoo 80
yooi 2359
yooi suru 2269
yooji 906, 1435
yooki (na) 1775
yoomoo 1024
yooroppa 909
yoosai 1057
yoosee 942
yooshi 1988
yoriwakeru 2732
yoroi 97
yoru 837, 1911, 2831, 3117
yoshi 2378
yosutebito 1317
yotaka 3255
yotto 3320
yowai 3221
yubi 993
yubinuki 2972
yubisasu 2177
yubiwa 2425
yubune 194
yuganda 676
yuge 2806
yuka 1029
yuki 2712
yuki-doke 2696
yukkuri 3078
yume 819, 820, 1913
yumi 322
yunifoomu 3130
yunikoon 3129
yuri 1647
yuri-isu 2445
yurikago 656
yurui 1689
yurusu 1053
yusugu 2428
yusuru 2443
yuu 2512, 2954
yuubin 1717
yuubin haitatsu 1718
yuubinkyoku 2209
yuugohan 2875
yuugure 854
yuukai suru 1521

yuukan (na) 335
yuukensha 3175
yuuki 645
yuumee (na) 951
yuuree 1134
yuuri 22
yuushoku 772, 2875
yuushoo suru 3272
yuzuru 3328

Z

zaimoku 3294
zaisan 2264
zakuro 2190
zara zara 564, 2460
zarigani 662
zaseki 2551
zaseki beruto 2552
zasshi 1709
zassoo 3231
zembu 46
zeppeki 543
zerii 1484
zero 3332
zetsuentai 1452
zettai 1901
zoo 885, 2802, 3088
zotto suru 1215
zu 758
zubon 2015, 3080
zubon-tsuri 2883
zugaikotsu 2668
zuhyoo 494, 1187
zukkiini 3336
zurui 3271
zutsuu 1288

CONCORDANCE

Hiragana, Kanji and Romaji Scripts

To assist learners of Japanese, we have prepared a concordance of Hiragana, Kanji and Romaji scripts for the terms in this dictionary. Note that a few Hiragana terms have no Kanji or no Romaji equivalents.

The concordance is organized like the dictionary, and runs from term #1 to term #3336. Where applicable, you will find the Kanji and Romaji terms provided for each Hiragana term.

Remember to use the separate Romaji and Hiragana alphabetical indexes to help locate the English terms in this book.

TERM #	HIRAGANA	KANJI	ROMAJI
1	そろばん	算盤	soroban
2	そのことについて はなし てください。 いちじかんぐらい かかり ます。 *Tell me about it.* *It takes about an hour.*	そのことについて話して ください。 一時間ぐらいかかり ます。	-ni tsuite gurai
3	あたまのうえ	頭の上	ue
4	けっせき	欠席	kesseki
5	アクセル		akuseru
6	はじめのおんせつに アク セントをつけてください。 *Put the accent on the first syllable.*	初めの音節にアクセントを 付けてください。	akusento
7	じこ	事故	jiko
8	アコーディオン		akoodion
9	せめる	責める	semeru
10	エース		eesu
11	あたまがいたい。	頭が痛い。	itai
12	さん	酸	san
13	どんぐり		donguri
14	アクロバット		akurobatto
15	みちのむこうにすんでい ます。 はらっぱをよこぎります。 *He lives across the street.* *She ran across the fields.*	道の向こうに住んでい ます。 原っぱを横切ります。	mukoo yokogiru
16	たす	足す	tasu
17	じゅうしょ	住所	juusho
18	かいぐんたいしょう	海軍大将	kaigun taishoo
19	ドンはリサがだいすき。	ドンはリサが大好き。	daisuki
20	せいじん、おとな	成人、大人	seejin otona
21	まえにすすむ	前に進む	susumu

TERM #	HIRAGANA	KANJI	ROMAJI
22	せがたかいほうが ゆうり。	背が高い方が有利。	yuuri
23	ジュリーのおかあさんは ぼうけんがすき。	冒険	booken
24	こわい	こわい	kowai
25	アフリカ		afurika
26	ばんごはんのあとで あそ んでもいいですか。 わたしのあとについて いってください。 *Can we play after dinner?* *Repeat after me!*	晩ご飯の後で遊んでもいい ですか。 わたしのあとについて言っ て下さい。	ato de -ni tsuite
27	ごご	午後	gogo
28	またあそぼうよ。 またきみのばんだよ。 *Let's play again.* *It is your turn again.*	また遊ぼうよ。 また君の番だよ。	mata
29	こする	こする	kosuru
30	とし、ねんれい	歳(年)、年齢	toshi nenrei
31	どうさの きびきびしたひと	動作のきびきびした人	kibi kibi shita
32	あんしょうにのりあげる	暗礁に乗り上げる	noriageru
33	ヘレンはトムのまえの ほうにすわります。 おさきにどうぞ。 *Helen sits ahead of Tom.* *Please go ahead.*	ヘレンはトムの前の方に座 ります。 お先にどうぞ。	mae saki
34	たすける	助ける	tasukeru
35	ねらう	狙う	nerau
36	くうき、そら	空気、空	kuuki sora
37	エアマット		eamatto
38	みっぺいしたいれもの	密閉した入れ物	mippee shita
39	ひこうき	飛行機	hikooki
40	くうこう	空港	kuukoo

TERM 41–71

TERM #	HIRAGANA	KANJI	ROMAJI
41	つうろ	通路	tsuuro
42	めざましどけい	目覚まし時計	mezamashi-dokei
43	アルバム		arubamu
44	いえにひがつく。	家に火がつく。	hi ga tsuku
45	いきている	生きている	ikite iru
46	ぜんぶ	全部	zembu
47	ろじのねこ	路地の猫	roji
48	わに	鰐	wani
49	アーモンド		aamondo
50	ほとんど		hotondo
51	なぜひとりでいるの?	なぜ一人でいるの?	hitori de
52	かいがんにそってあるく	海岸にそって歩く	(ni) sotte
53	おおきなこえで	大きな声で	ookina koe de
54	アルファベット		arufabetto
55	もういかなくちゃ ならないの?	もう行かなくちゃならないの?	moo
56	だいじょうぶだよ。	大丈夫だよ。	daijoobu
57	わたしもほしい。		mo
58	アルミのはじ		arumi
59	いつもころぶ	いつも転ぶ	itsumo
60	きゅうきゅうしゃ	救急車	kyuukyuusha
61	ひつじのなかのおおかみ	羊の中の狼	naka
62	いかり	錨	ikari
63	むかしのしろのあと	昔の城の跡	mukashi (no)
64	かくど	角度	kakudo
65	おこっている	怒っている	okotte iru
66	どうぶつ	動物	doobutsu
67	くるぶし、あしくび	足首	kurubushi ashikubi
68	アナウンスする		anaunsu suru
69	もうひとつの サンドイッチ	もう一つのサンドイッチ	moo hitotsu
70	こたえは……	答えは……	kotae
71	あり	蟻	ari

TERM 72–92

TERM #	HIRAGANA	KANJI	ROMAJI
72	なんきょく	南極	nankyoku
73	かもしか		kamoshika
74	しかの つの	しかの角	tsuno
75	おかねが まったくない。	お金が全くない。	mattaku….nai
76	なんでも たべる	何でも食べる	nandemo
77	どこへも いかれない。	どこへも行かれない。	doko e mo….nai
78	ひとつぶろさから はなれる。	一つぶ房から離れる。	hanareru
79	さる、るいじんえん	猿、類人猿	saru ruijin'en
80	みつばちを かうところ、 ようほうじょう	蜜蜂を飼うところ、養蜂場	mitsubachi o kau tokoro yoohoojoo
81	ちゃんと あやまりなさい。	ちゃんと謝りなさい。	ayamaru
	おくれて どうもすみません。	遅れてどうもすみません。	sumimasen
	You should apologize. *I apologize for being late.*		
82	てじなしのぼうしから うさぎが あらわれました。	手品師の帽子から兎が現れました。	arawareru
	じょおうが テレビに でました。	女王がテレビに出ました。	deru
	A rabbit appeared from the magician's hat. *The Queen appeared on television.*		
83	はくしゅする	拍手する	hakushu suru
84	りんご		ringo
85	りんごのしん		ringo no shin
86	ちかづく	近付く	chikazuku
87	あんず		anzu
88	しがつ	四月	shigatsu
89	エプロン、まえかけ	前掛け	epuron maekake
90	すいぞくかん	水族館	suizok(u)kan
91	アーチ		aachi
92	けんちくか	建築家	kenchikuka

Bottom Table

TERM #	HIRAGANA	KANJI	ROMAJI
93	ほっきょく	北極	hokkyoku
94	ぎろんする	議論する	giron suru
95	うで	腕	ude
96	ひじかけいす		hijikake isu
97	よろい		yoroi
98	わきのした	脇の下	waki no shita
99	おひるごろつきます。/ バスはまちを ぐるりとまわりました。 *We will be there around noon. The bus drove around the town.*	お昼ごろ着きます。/ バスは町を ぐるりと まわりました。	goro / gururi to
100	はなをいける	花を生ける	ikeru
101	たいほする	逮捕する	taiho suru
102	つく	着く	tsuku
103	や	矢	ya
104	アーティチョーク、ちょうせんあざみ	朝鮮あざみ	aatichooku / choosen azami
105	げいじゅつか	芸術家	geejutsuka
106	えのようにうつくしい。/ ただしはおにいさんとおなじくらいせがたかいです。 *As pretty as a picture. Tadashi is as tall as his older brother.*	絵のように美しい。/ 正はお兄さんと同じくらい背が高いです。	yoo ni / onajigurai
107	はい	灰	hai
108	はいざら	灰皿	haizara
109	アジア		ajia
110	みちをきく	道を聞く	kiku
111	メアリーとララフィは よく ねむっている。	メアリーとララフィは よく 眠っている。	nemuru
112	アスパラガス		asuparagasu
113	アスピリン		asupirin
114	パトリックはジーンを おどろかした。	パトリックはジーンを 驚かした。	odorokasu

Top Table

TERM #	HIRAGANA	KANJI	ROMAJI
115	うちゅうひこうし	宇宙飛行士	uchuu hikooshi
116	てんもんがくしゃ	天文学者	tem'mon gakusha
117	へレンは おとうさんと いえにいます。/ しゃしんを みている ところです。 *Helen is at home with her dad. They are looking at the photo.*	へレンは お父さんと 家に います。/ 写真を 見ている ところで す。	
118	うんどうせんしゅ	運動選手	undoo senshu
119	ちず、ちずちょう	地図、地図帳	chizu / chizuchoo
120	ちきゅうをとりまくきたい	地球を取り巻く気体	kitai
121	げんし	原子	genshi
122	つける、はめる	付ける、嵌める	tsukeru / hameru
123	ちゅういしなさい。	注意しなさい。	chuui suru
124	やねうら	屋根裏	yaneura
125	かんきゃく	観客	kankyaku
126	はちがつ	八月	hachigatsu
127	おばさん		obasan
128	オーストラリア		oosutoraria
129	さっか	作家	sakka
130	じどう	自動	jidoo
131	あき	秋	aki
132	なだれ	雪崩	nadare
133	アボカド		abokado
134	めがさめている	目が覚めている	me ga samete iru
135	かのじょはどこかに いっていて いません。	彼女はどこかに行って いません。	
136	ひどいにおい		hidoi
137	ぶかっこうなひと	不格好なひと	bukakkoo (na)
138	おの	斧	ono
139	しゃりんのじく	車輪の軸	jiku

TERM #	HIRAGANA	KANJI	ROMAJI
140	あかちゃん、あかんぼう	赤ちゃん、赤んぼう	akachan / akamboo
141	うばぐるま	孔母車	ubaguruma
142	せなかをかく	背中を掻く	senaka
143	バックする		bakku suru
144	ベーコンエッグ		beekon
145	わるい、いたんだ	悪い、傷んだ	warui / itanda
146	バッジ		bajji
147	ふくろのなか	袋のなか	fukuro
148	えさ		esa
149	やく	焼く	yaku
150	パンやさん	パン屋さん	pan'ya-san
151	パンや	パン屋	pan'ya
152	バランスがいい		baransu
153	バルコニー		barukonii
154	はげている	禿げている	hagete iru
155	ボール		booru
156	ベレリーナ		bareriina
157	バレー		baree
158	ふうせん	風船	fuusen
159	ききゅう	気球	kikyuu
160	バナナ		banana
161	ヘアーバンド		heaa-bando
162	バンド		bando
163	ほうたい	包帯	hootai
164	ばんばんたたく、うつ	叩く、打つ	tataku / utsu
165	てすり、らんかん	手摺り、欄干	tesuri / rankan
166	ぎんこう	銀行	ginkoo
167	てつのぼう	鉄の棒	tetsu no boo
168	バー		baa
169	てつじょうもう	鉄条網	tetsujoomoo
170	りはつし、とこや	理髪師、床屋	rihatsushi / tokoya

TERM #	HIRAGANA	KANJI	ROMAJI
171	はだし	裸足	hadashi
172	やすうり、バーゲン	安売り	yasu'uri / baagen
173	うんかせん	運貨船	unkasen
174	ほえる	吠える	hoeru
175	きのかわ	木の皮	ki no kawa
176	おおむぎ	大麦	oomugi
177	なや	納屋	naya
178	バラック、へいえい	兵営	barakku / heiei
179	たる	樽	taru
180	じゅうしん	銃身	juushin
181	ヘヤクリップ		heyakurippu
182	バリヤード、さく	柵	bariyaado saku
183	どだい	土台	dodai
184	ベース		beesu
185	やきゅう	野球	yakyuu
186	ちかしつ	地下室	chikashitsu
187	バゼル		bazeru
188	バスケット、かご	籠	basuketto kago
189	バスケットボール		basuketto booru
190	バット		batto
191	こうもり	蝙蝠	koomori
192	(お)ふろにはいる	(お)風呂に入る	(o)furo ni hairu
193	(お)ふろば	(お)風呂場	(o)furoba
194	ゆぶね	湯ぶね	yubune
195	バッテリー、でんち	電池	batterii / denchi
196	わん、いりえ	湾、入江	wan / irie
197	ベイリーフ		bei riifu
198	バザー		bazaa

TERM #	HIRAGANA	KANJI	ROMAJI
199	ぼくはカナダじんです。トムとボブはともだちです。アシュレイはいしゃになりたいのです。 *I am a Canadian. Tom and Bob are friends. Ashley wants to be a doctor.*		
200	かいがん、うみべ	海岸、海辺	kaigan umibe
201	ビーズ		biizu
202	くちばし	嘴	kuchibashi
203	こうせん	光線	koosen
204	まめ	豆	mame
205	くま	熊	kuma
206	ひげ	髭	hige
207	けもの	獣	kemono
208	うつ	打つ	utsu
209	うつくしい、きれい（な）	美しい	utsukushii kiree (na)
210	ビーバー		biibaa
211	ねこがしんだので…。	猫が死んだので…。	node
212	けしがちょうちょうになる。		naru
213	ベッド		beddo
214	ベッドのランプ		rampu
215	ベッドルーム、しんしつ	寝室	beddo ruumu shinshitsu
216	はち	蜂	hachi
217	ぶな		buna
218	みつばちのす（ばこ）	蜜蜂の巣（箱）	mitsubachi no su(bako)
219	ビール		biiru
220	ビート		biito
221	かぶとむし	かぶと虫	kabutomushi
222	しょくじをするまえに てをあらいなさい。	食事をする前に手を洗いなさい。	mae ni
223	こじき	乞食	kojiki

TERM #	HIRAGANA	KANJI	ROMAJI
224	アシュレイのピアノのレッスンは 10じに はじまります。 トムのピアノのレッスンは 9じに はじまります。 *Ashley's piano lesson begins at ten o'clock.* *Tom's piano lesson begins at nine o'clock.*	始まる	hajimaru
225	アリスは ぎょうぎがいい。	行儀がいい	gyoogi ga ii
226	きのうしろ	後ろ	ushiro
227	ベージュ		beeju
228	しんじる	信じる	shinjiru
229	ベル、かね	鐘	beru / kane
230	へそ	臍	heso
231	わたしのもの	私の物	
232	テーブルのした	下	shita
233	ベルト		beruto
234	ベンチ		benchi
235	みちが まがっている。	道が曲がっている	magatte iru
236	まげる	曲げる	mageru
237	ベレーぼう	ベレー帽	beree-boo
238	きのそば	木の側（傍）	soba
239	デザートのほかに なにか たべませんか？ *Should you eat something besides dessert!*	他の側（外）に	hoka ni
240	いちばん、さいこう	一番、最高	ichiban saikoo
241	シーラはトムより よく うたえます。 やろうとおもえばトムは もっとよくできます。 *Sheila can sing better than Tom.* *Tom can do better if he tries to.*		yoku motto yoku

TERM #	HIRAGANA	KANJI	ROMAJI
242	いわといわのあいだ	岩と岩の間	aida
243	よだれかけ	よだれ掛け	yodarekake
244	じてんしゃ	自転車	jitensha
245	おおきい	大きい	ookii
246	じてんしゃ	自転車	jitensha
247	(お)さつ、しへい	(お)札、紙幣	(o)satsu shihee
248	こうこくばん	広告板	kookokuban
249	たまつき、ビリヤード	玉突き、ビリヤード	tamatsuki biriyaado
250	しばる	縛る	shibaru
251	そうがんきょう	双眼鏡	soogankyoo
252	とり	鳥	tori
253	アシュレイはうまれたときを７ポンドでした。	生まれる	umareru
	ねこはこねこを４ひきうみました。	生む	umu
	Ashley weighed seven pounds at birth. The cat gave birth to four little kittens.		
254	たんじょうび	誕生日	tanjoobi
255	ビスケット		bisuketto
256	かむ	噛む	kamu
257	ひとくち	一口	hitokuchi
258	ビールはにがいです。	苦い	nigai
	それはつらいけいけんでした。	辛い	tsurai
	Beer has a bitter taste. It was a bitter experience.		
259	くろい、くろ	黒い、黒	kuroi kuro
260	ブラックベリー		burakku-berii
261	ブラックバード		burakku-baado
262	こくばん	黒板	kokuban
263	くろすぐり	黒すぐり	kurosuguri

TERM #	HIRAGANA	KANJI	ROMAJI
264	かじや	鍛冶屋	kajiya
265	かたなのは	刀の刃	ha
266	おとうさんはアシュレイのせいにしましたが、ほんとうはクリスがわるいのです。		see ni suru
	Dad blamed Ashley, but Dad should blame Chris.		
267	くうはくのページ	空白	kuuhaku
268	ブランケット、もうふ	毛布	buranketto moofu
269	ばくはつ	爆発	bakuhatsu
270	ばくはする	爆破する	bakuha suru
271	ほのお	炎	hono'o
272	ブレザー		burezaa
273	ひょうはくざい	漂白剤	hyoohakuzai
274	ちがでる、しゅっけつする	血が出る、出血する	chi ga deru shukketsu suru
275	ミキサー、ブレンダー		mikisaa burendaa
276	めのみえないひと、もうじん	目の見えない人、盲人	me no mienai hito moojin
277	まばたきをする	瞬きをする	mabataki suru
278	みずぶくれ	水ぶくれ	mizubukure
279	ふぶき	吹雪	fubuki
280	つみき	積み木	tsumiki
281	ブロック		burokku
282	ブロックする、さえぎる	遮る	burokku suru saegiru
283	ブロンド、きんぱつ	金髪	burondo kimpatsu
284	ち	血	chi
285	はな	花	hana
286	はながさく	花が咲く	saku
287	インクのしみ	インクの染み	shimi
288	ブラウス		burausu
289	あたまをうつ	頭を打つ	utsu

TERM #	HIRAGANA	KANJI	ROMAJI
290	ふく	吹く	fuku
291	あおい、あお	青い、青	aoi / ao
292	ブルーベリー		buruuberii
293	このナイフのはにぶくなったので、とがなければなりません。 *The blade of this knife has become blunt, so it has to be sharpened.*	鈍い	nibui
294	ほほをあからめる	頬を赤らめる	ho(h) o akarameru
295	いのしし	猪	inoshishi
296	いた	板	ita
297	クリスはじまんするのがすきです。 *Chris likes to boast.*		jiman suru
298	ボート、ふね	船	booto / fune
299	ヘヤピン		heyapin
300	からだ	体	karada
301	にる	煮る	niru
302	ボルト		boruto
303	ほね	骨	hone
304	たきび	焚き火	takibi
305	ほん	本	hon
306	ほんだな	本棚	hondana
307	ブーメラン		buumeran
308	ブーツ、ながぐつ	長靴	buutsu / nagagutsu
309	こっきょう	国境	kokkyoo
310	あなをあける	穴を空ける	ana o akeru
311	ボブはしゃべりすぎるので、わたしはすごくたいくつしてしまいます。 *Bob bores me because he talks too much.*	退屈する	taikutsu suru

TERM #	HIRAGANA	KANJI	ROMAJI
312	なんねんにうまれましたか。 うまれながらのリーダーです。 *What year were you born? She is a born leader.*	生まれる	umareru
313	アシュレイはよくおとうとのじてんしゃをかります。 *Ashley often borrows her younger brother's bike.*	借りる	kariru
314	ボス		bosu
315	メグもチップもふたりともかわいいです。きょうもあしたもおやすみです。 *Meg and Chip are both cute. Both today and tomorrow are holidays.*		
316	びん	瓶	bin
317	せんぬき	栓抜き	sen'nuki
318	そこ	底	soko
319	(まるい、おおきな)いし	(丸い、大きな)石	ishi
320	はずむ	弾む	hazumu
321	はなたば、ブーケ	花束	hanataba / buuke
322	ゆみ	弓	yumi
323	ちょうネクタイ	蝶ネクタイ	choo-nekutai
324	ボール		booru
325	はこ	箱	hako
326	ボクサー		bokusaa
327	おとこのこ、しょうねん	男の子、少年	otoko no ko / shoonen
328	ブラジャー		burajaa
329	ブレスレット		buresuretto

TERM #	HIRAGANA	KANJI	ROMAJI
330	スーはあたらしいおもちゃのことをじまんをします。スーのおとうさんはスーにじまんしてはいけないといいます。 *Sue brags about her new toys. Her dad tells her not to brag.*	自慢する	jiman o suru
331	のう	脳	noo
332	ブレーキ		bureeki
333	ブレーキをかける	ブレーキを掛ける	bureeki o kakeru
334	えだ	枝	eda
335	はいしゃさんが、アシュレイはゆうかんだといいました。 *The dentist says Ashley is brave.*	勇敢	yuukan (na)
336	パン		pan
337	こわす	壊す	kowasu
338	こわれる、こしょうする	壊れる、故障する	kowareru koshoo suru
339	おしいりごうとうをする	押し入り強盗をする	oshi'iri gootoo
340	あさごはん、ちょうしょく	朝ご飯、朝食	asagohan chooshoku
341	いき	息	iki
342	いきをする	息をする	iki o suru
343	れんが	煉瓦	renga
344	れんがしょくにん	煉瓦職人	renga shokunin
345	はなよめ、およめさん	花嫁、お嫁さん	hanayome oyomesan
346	はなむこ、おむこさん	花婿、お婿さん	hanamuko omukosan
347	はし	橋	hashi
348	うまのくつわ	馬の轡	kutsuwa
349	ブリーフケース、かばん		buriifu keesu kaban
350	あかるいたいよう	明るい太陽	akarui taiyoo
351	もってくる	持ってくる	motte kuru

TERM #	HIRAGANA	KANJI	ROMAJI
352	かえしにくる	返しに来る	kaeshi ni kuru
353	こわれやすいガラス	壊れやすいガラス	koware-yasui
354	ブロッコリー		burokkorii
355	ブローチ		buroochi
356	おがわ	小川	ogawa
357	ほうき	箒	hooki
358	おとうと	弟	otooto
359	まゆげ	眉毛	mayuge
360	ちゃいろ	茶色	chairo
361	きず、うちみ	傷、打ち身	kizu uchimi
362	ブラシでとかす		tokasu
363	ブラシ		burashi
364	ペンキようのはけ	ペンキ用の刷毛	hake
365	はブラシ	歯ブラシ	haburashi
366	めキャベツ	芽キャベツ	mekyabetsu
367	あわ	泡	awa
368	バケツ		baketsu
369	バックル		bakkuru
370	つぼみ	蕾	tsubomi
371	バッファロー、すいぎゅう	水牛	baffaroo suigyuu
372	むし	虫	mushi
373	らっぱ		rappa
374	たてる	建てる	tateru
375	おうし	雄牛	o-ushi
376	ブルトーザー		burutoozaa
377	てっぽうのたま	鉄砲の玉	tama
378	メガホン、かくせいき	拡声器	megahon kakuseeki
379	いじめっこ	苛めっ子	ijimekko
380	こぶ	瘤	kobu
381	バンパー		bampaa
382	アスパラガスひとたば	一束	taba

TERM #	HIRAGANA	KANJI	ROMAJI
383	たば	束	taba
384	ブイ		bui
385	どろぼう	泥棒	doroboo
386	もえる	燃える	moeru
387	はれつする	破裂する	haretsu suru
388	うめる	埋める	umeru
389	バス		basu
390	バスてい	バス停	basutee
391	やぶ	藪	yabu
392	いそがしい	忙しい	isogashii
393	いきたいけれども、ぼくはいそがしいです。		keredomo
	ポールは おおきいが、いもうとのほうがもっと おおきいです。		ga
	I would like to go, but I am busy. Paul is big, but his younger sister is bigger.		
394	にくや	肉屋	nikuya
395	バター		bataa
396	ちょうちょ(う)	蝶々	choocho(o)
397	ボタン		botan
398	かう	買う	kau
399	キャベツ		kyabetsu
400	やまごや	山小屋	yamagoya
401	とだな、キャビネット	戸棚.	todana / kyabinetto
402	テーブル		keeburu
403	さぼてん	仙人掌	saboten
404	かご	籠	kago
405	ケーキ		keeki
406	けいさんき	計算機	keesanki
407	カレンダー、こよみ	暦	karendaa / koyomi
408	こうし	子牛	ko-ushi

TERM #	HIRAGANA	KANJI	ROMAJI
409	よぶ。	呼ぶ	yobu.
410	あめなら ピクニックは ちゅうしです。 アシュレイは どうぶつえん いきを とりやめした。 We will call off the picnic if it rains. Ashley has called off our trip to the zoo.	中止 / 取り止める	chuushi / toriyameru
411	(でんわで)よびだす	(電話で)呼び出す	yobidasu
412	おちついている	落ち着いている	ochitsuite iru
413	らくだ	駱駝	rakuda
414	カメラ		kamera
415	キャンプする		kyampu suru
416	キャンプじょう	キャンプ場	kyampujoo
417	かん、かんづめ	缶、缶詰	kan / kanzume
418	かんきり	缶切り	kankiri
419	うんが	運河	unga
420	カナリヤ		kanariya
421	ろうそく	蝋燭	roosoku
422	ろうそくたて、しょくだい	蝋燭立て、燭台	roosoku-tate / shokudai
423	あめ	飴	ame
424	つえ	杖	tsue
425	たいほう	大砲	taihoo
426	みることができない	見ることが出来ない	miru koto ga dekinai
427	カヌー		kanuu
428	カンタロープ（メロンのいっしゅ）	メロンの一種	kantaroopu
429	きょうこく	峡谷	kyookoku
430	ぼうし	帽子	booshi
431	みさき	岬	misaki
432	ケープ		keepu
433	おおもじ	大文字	oomoji

TERM #	HIRAGANA	KANJI	ROMAJI
434	キャプテン、せんちょう	船長	kyaputen senchoo
435	つかまえる、とる	捕まえる、捕る	tsukamaeru toru
436	くるま、じどうしゃ	車、自動車	kuruma jidoosha
437	キャラバン		kyaraban
438	トランプ		torampu
439	ボールがみ	ボール紙	boorugami
440	めんどうをみる	面倒を見る	mendoo o miru
441	ふちゅうい	不注意	fuchuui
442	つみに	積み荷	tsumini
443	カーネーション		kaaneeshon
444	カーニバル		kaanibaru
445	だいく	大工	daiku
446	カーペット、じゅうたん	絨毯	kaapetto juutan
447	うばぐるま	孔印車	ubaguruma
448	にんじん	人参	ninjin
449	はこぶ	運ぶ	hakobu
450	カート、にぐるま	荷車	kaato niguruma
451	ボールばこ	ボール箱	boorubako
452	きる	切る	kiru
453	ケース、はこ、トランク	箱	keesu hako toranku
454	げんきん	現金	genkin
455	カシューナッツ		kashuunattsu
456	しろ	城	shiro
457	ねこ	猫	neko
458	カタログ		katarogu
459	つかむ、うけとめる	掴む、受け止める	tsukamu uketomeru
460	おいつく	追い付く	oitsuku
461	けむし	毛虫	kemushi

TERM #	HIRAGANA	KANJI	ROMAJI
462	うし、かちく	牛、家畜	ushi kachiku
463	おおなべ	大鍋	oonabe
464	カリフラワー		karifurawaa
465	きへいたい	騎兵隊	kiheetai
466	はらあな	洞穴	hora'ana
467	てんじょう	天井	tenjoo
468	いわう	祝う	iwau
469	セロリ		serori
470	さいぼう	細胞	saiboo
471	ちかしつ	地下室	chikashitsu
472	セメント		semento
473	ちゅうしん	中心	chuushin
474	1メートル＝100センチ		senchi
475	むかで	百足	mukade
476	いっせいきは ひゃくねん です。 _A century has one hundred years._	世紀	seeki
477	シリアル		shiriaru
478	いえをでるとき、ドアに かぎをかけたのは たしか です。 _I am certain that I locked the door when leaving the house._	確か	tashika
479	しょうめいしょ	証明書	shoomeesho
480	チェーン、くさり	鎖	cheen kusari
481	チェーンソー		cheen-soo
482	いす	椅子	isu
483	チョーク		chooku
484	チャンピオン		champion
485	こぜに	小銭	ko-zeni
486	かえる	替える	kaeru
487	すいろ	水路	suiro

TERM #	HIRAGANA	KANJI	ROMAJI
488	しょう	章	shoo
489	アシュレイは せいかくが つよいです。	性格	seekaku
	このじは どういういみで すか。 Ashley has a strong character. What does this (printed) character mean?	字	ji
490	すみ	炭	sumi
491	ふだんそう	ふだん草	fudansoo
492	けいさつは スパットを ごうとうで きそしまし た。	起訴する	kiso suru
	でんちを じゅうでんする のをわすれた。 The police charged Spud with robbery. I forgot to charge the battery.	充電する	juuden suru
493	せんしゃ	戦車	sensha
494	ずひょう	図表	zuhyoo
495	おいかける	追いかける	oikakeru
496	しゃべる、おしゃべりする	喋る	shaberu oshaberi suru
497	やすいえんぴつ	安い鉛筆	yasui
498	カンニングする		kan'ningu suru
499	けさ おべんとうばこを しらべましたか。	調べる	shiraberu
	いりぐちで コートを あずけてください。 Did you check your lunchbox this morning? Check your coat at the entrance, please.	預ける	azukeru
500	ほほ、ほお	頬	ho(h)o
501	チーズ		chiizu
502	こぎって	小切手	kogitte
503	さくらんぼ		sakurambo

TERM #	HIRAGANA	KANJI	ROMAJI
504	むね	胸	mune
505	くり	栗	kuri
506	かむ	噛む	kamu
507	チックピー、エジプトまめ	エジプト豆	chikkupii ejiputo mame
508	にわとり、とり	鶏	niwatori tori
509	みずぼうそう	水疱瘡	mizuboosoo
510	(けいさつ、ぐんたいの) ちょう	長	-choo
511	こども	子供	kodomo
512	はださむい	肌寒い	hada-zamui
513	えんとつ	煙突	entotsu
514	チンパンジー		chimpanjii
515	あご	顎	ago
516	せともの、とうじき	瀬戸物、陶磁器	setomono toojiki
517	こっぱ		koppa
518	のみ	整	nomi
519	チャイブ		chaibu
520	チョコレート		chokoreeto
521	クワイヤー、せいかたい	聖歌隊	kuwaiyaa seekatai
522	いきがつまる	息が詰まる	iki ga tsumaru
523	のどにひっかかる	喉にひっかかる	nodo ni hikkakaru
524	えらぶ	選ぶ	erabu
525	きざむ	刻む	kizamu
526	はし	箸	hashi
527	クローム		kuroomu
528	きく	菊	kiku
529	せきたんのかたまり	石炭の塊	katamari
530	はまき	葉巻	hamaki
531	たばこ	煙草	tabako
532	まる、えん	丸、円	maru en

TERM #	HIRAGANA	KANJI	ROMAJI
533	サーカス		saakasu
534	とし	都市	toshi
535	はまぐり	蛤	hamaguri
536	まんりき	万力	manriki
537	てをたたく、はくしゅ する	手を叩く、拍手する	te o tataku / hakushu suru
538	きょうしつ	教室	kyooshitsu
539	(かにの)つめ、はさみ	爪	tsume / hasami
540	ねんどは れんがをつくる のに つかわれます。 *Clay is used to make bricks.*		nendo
541	せいけつ、きれい	清潔	seeketsu
542	かたづける	片付ける	katazukeru
543	がけ、ぜっぺき	崖、絶壁	gake / zeppeki
544	いわをのぼる	登る	noboru
545	しんりょうじょ、クリニック	診療所	shinryoojo / kurinikku
546	きる	切る	kiru
547	とけい	時計	tokee
548	とじる	閉じる	tojiru
549	クローゼット、ようふくだんす	洋服箪笥	kuroozetto / yoofuku-dansu
550	ようふくは きれで つくり ます。 *Clothes are made of cloth.*	布	kire / nuno
551	ようふく、いふく	洋服、衣服	yoofuku / ifuku
552	ものほしつな	物干し綱	monohoshi-zuna
553	くも	雲	kumo
554	クローバー		kuroobaa
555	どうけし	道化師	dookeshi
556	こんぼう	棍棒	komboo
557	けいさつは そのはんざい のてがかりを つかみまし た。 ヒントを あげましょう。 *The police found a clue to the crime. I will give you a clue.*	手掛かり	tegakari / hinto
558	クラッチ		kuratchi
559	つかむ、にぎる	掴む、握る	tsukamu / nigiru
560	コーチ		koochi
561	おおがたバス	大型バス	oogata-basu
562	プリシラは しゅうに チームのコーチを していま す。 *Priscilla coaches the team twice a week.*		koochi (o) suru
563	せきたん	石炭	sekitan
564	このきれは ざらざらして います。 あらっぽいことばを つか ってはいけません。 *This cloth is coarse. Do not use coarse language.*	荒っぽい	zara zara shita / arappoi
565	かいがん	海岸	kaigan
566	あたたかいコート		kooto
567	くものす	蜘蛛の巣	kumo no su
568	ココア		kokoa
569	ココナッツ、やしのみ	椰子の実	kokonattsu / yashi no mi
570	たら	鱈	tara
571	コーヒー		koohii
572	ひつぎ、(お)かん、 かんおけ	棺、(お)棺、棺桶	hitsugi / (o)kan / kan'oke
573	コイル		koiru
574	こうか、コイン	硬貨	kooka / koin

Terms 575–596

TERM #	HIRAGANA	KANJI	ROMAJI
575	さむい	寒い	samui
576	えり	衿	eri
577	あつめる	集める	atsumeru
578	カレッジ		kareiji
579	しょうとつする、ぶつかる	衝突する	shoototsu suru / butsukaru
580	しょうとつ	衝突	shoototsu
581	いろ	色	iro
582	こうま(おす)	子馬(牡)	ko-uma
583	えんちゅう	円柱	enchuu
584	くし	櫛	kushi
585	かみをとかす	髪をとかす	tokasu
586	あわせる	合わせる	awaseru
587	アシュレイはバスでパーティーにきました。ここによくきますか。 Ashley came to the party by bus. Do you come here often?	来る	kuru
588	とれる	取れる	toreru
589	いしきがもどる	意識がもどる	ishiki ga modoru
590	らく(な)、かいてき(な)	楽(な)、快適(な)	raku (na) / kaiteki (na)
591	コンマ		komma
592	めいれいする	命令する	meeree suru
593	わたしたちはちいさいコミュニティーにすんでいます。コミュニティーセンターにプールがあります。 We live in a small community. There is a pool at the community center.		kominitii
594	なかま	仲間	nakama
595	なかまといっしょ	仲間といっしょ	nakama to issho
596	くらべる	比べる	kuraberu

Terms 597–624

TERM #	HIRAGANA	KANJI	ROMAJI
597	コンパス、じしゃく	磁石	kompasu / jishaku
598	さっきょくする	作曲する	sakkyoku suru
599	さっきょくか	作曲家	sakkyoku-ka
600	さっきょく	作曲	sakkyoku
601	コンピュータ		kompyuuta
602	しゅうちゅうする	集中する	shuuchuu suru
603	コンサート		konsaato
604	コンクリート		konkuriito
605	しきしゃ	指揮者	shikisha
606	しゃしょう	車掌	shashoo
607	えんすい	円錐	ensui
608	アイスクリーム・コーン		aisukuriimu-koon
609	まつぼっくり	松ぼっくり	matsubokkuri
610	じしんがある	自信がある	jishin ga aru
611	わからなくなる、こんらんする	わからなくなる、混乱する	wakaranaku naru / konran suru
612	おめでとうという、いわう	祝う	omedetoo to yuu / iwau
613	つなぐ		tsunagu
614	P, b, t, d, k, g, s, z は しいん です。 P, b, t, d, k, g, s, z are consonants.	子音	shi-in
615	けいかん	警官	keekan
616	せいざ	星座	seeza
617	たいりく	大陸	tairiku
618	かいわ	会話	kaiwa
619	コック、りょうりにん	料理人	kokku / ryoori-nin
620	りょうりする	料理する	ryoori suru
621	クッキー		kukkii
622	つめたいみず	冷たい水	tsumetai mizu
623	どう	銅	doo
624	うつす、コピーする	写す	utsusu / kopii suru

TERM #	HIRAGANA	KANJI	ROMAJI
625	さんご	珊瑚	sango
626	コード、なわ	縄	koodo / nawa
627	コルク		koruku
628	(コルクの)せんぬきを	(コルクの)栓抜を	sen'nuki
629	とうもろこし		toomorokoshi
630	すみ、かど	隅、角	sumi / kado
631	したい、しがい	死体、死骸	shitai / shigai
632	ろうか	廊下	rooka
633	うちゅうひこうし	宇宙飛行士	uchuu hikooshi
634	いしょう	衣装	ishoo
635	コテージ		koteeji
636	もめん	木綿	momen
637	ながいす	長椅子	nagaisu
638	せきをする	咳をする	seki o suru
639	かぞえる	数える	kazoeru
640	カウンター、けいすうき	計数機	kauntaa / keesuuki
641	カウンター		kauntaa
642	いなか	田舎	inaka
643	くに	国	kuni
644	カップル、ふうふ	夫婦	kappuru / fuufu
645	ゆうき	勇気	yuuki
646	テニスコート		kooto
647	いとこ	従兄弟、従姉妹	itoko
648	カバーする		kabaa suru
649	ふた	蓋	futa
650	めうし	雌牛	me-ushi
651	おくびょうもの	臆病者	okubyoo-mono
652	カーボーイ		kaabooi
653	かに	蟹	kani
654	ひび		hibi

TERM #	HIRAGANA	KANJI	ROMAJI
655	クラッカー		kurakkaa
656	ゆりかご	揺りかご	yurikago
657	つる	鶴	tsuru
658	クレーン		kureen
659	ぶつかる、じこをおこす	事故を起こす	butsukaru / jiko o okosu
660	きのわく	木の枠	waku
661	はう	這う	hau
662	ざりがに		zarigani
663	クレヨン		kureyon
664	おとうさんはコーヒーにクリームをいれてのむのがすきです。 / *Dad likes cream in his coffee.*		kuriimu
665	ズボンのおりめ	ズボンの折り目	orime
666	いきもの	生き物	ikimono
667	おがわ	小川	ogawa
668	(ふねの)のりくみいん	(船の)乗組員	norikumi'in
669	ベビーベッド		bebii-beddo
670	こおろぎ		koorogi
671	はんざいにん	犯罪人	hanzai-nin
672	わに	鰐	wani
673	クロッカス		kurokkasu
674	わるもの	悪者	warumono
675	まがったくい	曲がった杭	magatta
676	ゆがんだえ	歪んだ絵	yuganda
677	しゅうかく	収穫	shuukaku
678	じゅうじか	十字架	juujika
679	わたる、よこぎる	渡る、横切る	wataru / yokogiru
680	けす	消す	kesu
681	からす	烏	karasu
682	おおぜいのひと	大勢の人	oozee
683	おうかん	王冠	ookan

TERM #	HIRAGANA	KANJI	ROMAJI
684	おういをさずける	王位を授ける	ooi o sazukeru
685	くず	屑	kuzu
686	つぶす	潰す	tsubusu
687	パイのかわ	パイの皮	kawa
688	まつばつえ	松葉杖	matsubazue
689	なく	泣く	naku
690	すいしょうのたま	水晶の玉	suishoo
691	こぐま		koguma
692	りっぽうたい、キューブ	立方体	rippootai / kyuubu
693	かっこう	郭公	kakkoo
694	きゅうり	胡瓜	kyuuri
695	カフス		kafusu
696	カップ、(お)ちゃわん	(お)茶碗	kappu (o)chawan
697	しょっきだな	食器棚	shokkidana
698	ろかた	路肩	rokata
699	なおる	治る	naoru
700	カールする		kaaru suru
701	ちぢれげ、カーリーヘアー	縮れ毛	chijire-ge / kaarii-heaa
702	こうきしんのつよい、しりたがりや(の)	好奇心の強い、知りたがりや(の)	kookishin no tsuyoi / shiritagari-ya (no)
703	すぐり		suguri
704	ながれ	流れ	nagare
705	カーテン		kaaten
706	カーブ		kaabu
707	クッション		kusshon
708	おきゃくさん、おとくいさん	お客さん、お得意さん	okyakusan / otokuisan
709	きる	切る	kiru
710	わりこむ	割り込む	warikomu
711	きりとる	切り取る	kiritoru
712	かわいい	可愛い	kawaii
713	ナイフ・フォークるい	ナイフ・フォーク類	naifu-fooku-rui

TERM #	HIRAGANA	KANJI	ROMAJI
714	じてんしゃ	自転車	jitensha
715	シリンダー		shirindaa
716	シンバル		shimbaru
717	いとすぎ	糸杉	itosugi
718	すいせん	水仙	suisen
719	たんとう	短刀	tantoo
720	まいにち(の)	毎日(の)	mainichi (no)
721	にゅうぎょう、らくのう	扎業、酪農	nyuugyoo rakunoo
722	ひなぎく、デージー	雛菊	hinagiku deejii
723	ダム		damu
724	こわれた、そんしょうのある	壊れた、損傷のある	kowareta sonshoo no aru
725	ぬれている		nurete iru
726	ダンスする		dansu suru
727	ダンサー		dansaa
728	たんぽぽ		tampopo
729	きけん	危険	kiken
730	くらい	暗い	kurai
731	ダーツ		daatsu
732	ダッシュボード		dasshu-boodo
733	ひづけ	日付	hizuke
734	むすめ	娘	musume
735	ひ	日	hi
736	しんだねずみ	死んだ鼠	shinda
737	つんぼ	聾	tsumbo
738	チャックはしたしいともだちです。あ、(お)さいふをわすれた。 *Chuck is my dear friend. Oh dear, I forgot my wallet.*	親しい	shitashii
739	12がつ	12月	juuni-gatsu

TERM #	HIRAGANA	KANJI	ROMAJI
740	アシュレイは なにを きめらいか きめられま せん。 Ashley cannot decide what to wear.	決める	kimeru
741	かんぱん、デッキ	甲板	kampan / dekki
742	かざる	飾る	kazaru
743	かざり	飾り	kazari
744	ふかい	深い	fukai
745	しか	鹿	shika
746	はいたつする	配達する	haitatsu suru
747	へこます		hekomasu
748	はいしゃ	歯医者	haisha
749	デパート、ひゃっかてん	百貨店	depaato / hyakkaten
750	さばく	砂漠	sabaku
751	つくえ	机	tsukue
752	デザート		dezaato
753	はかいする	破壊する	hakai suru
754	くちくかん	駆逐艦	kuchikukan
755	たんてい	探偵	tantee
756	つゆ	露	tsuyu
757	たいかくせん	対角線	taikakusen
758	ず	図	zu
759	ダイヤモンド		daiyamondo
760	おむつ		omutsu
761	にっき	日記	nikki
762	じしょ、じびき	辞書、字引	jisho / jibiki
763	しぬ	死ぬ	shinu
764	ひるとよるとでは たいへんなちがいがあります。ひとはみなおなじょうどうであって、さはまったくありません。 There is quite a difference between night and day. All people are equal, there is no difference between them.	違い 差	chigai / sa
765	ちがった、ことなった	違った、異なった	chigatta / kotonatta
766	ほる	掘る	horu
767	しょうかする	消化する	shooka suru
768	うすぐらい	薄暗い	usugurai
769	えくぼ	笑くぼ	ekubo
770	ちいさいふね	小さい船	chiisai fune
771	しょくどう	食堂	shokudoo
772	ゆうしょく、ばんごはん	夕食、晩ご飯	yuushoku / bangohan
773	きょうりゅう	恐竜	kyooryuu
774	ほうこう	方向	hookoo
775	ほこり	埃	hokori
776	きたない、よごれた	汚い、汚れた	kitanai / yogoreta
777	いけんが あおない	意見が合わない	iken ga awanai
778	きえる	消える	kieru
779	さいがい	災害	saigai
780	はっけんする	発見する	hakken suru
781	ぎろんする、はなしあう	議論する、話し合う	giron suru / hanashiau
782	びょうき	病気	byooki
783	へんそう	変装	hensoo
784	さら	皿	sara
785	しょうじきではないひと	正直ではない人	shoojiki
786	さらあらいき、しょっきあらいき	皿洗い機、食器洗い機	sara-araiki / shokki-araiki
787	きらう	嫌う	kirau

TERM #	HIRAGANA	KANJI	ROMAJI
788	とける	溶ける	tokeru
789	きょり	距離	kyori
790	とおい、はなれた	遠い、離れた	tooi / hanareta
791	ちいき	地域	chi'iki
792	みぞ	溝	mizo
793	とびこむ	飛び込む	tobikomu
794	わける	分ける	wakeru
795	めまいがする	目まいがする	memai ga suru
796	どうしようかな。		suru
797	さんばし、ドック	桟橋	sambashi / dokku
798	いしゃ	医者	isha
799	いぬ	犬	inu
800	にんぎょう	人形	ningyoo
801	いるか、ドルフィン	海豚	iruka / dorufin
802	ドーム		doomu
803	ろば		roba
804	ドア、と	戸	doa / to
805	ドアのとって	ドアの取っ手	totte
806	ダブル、かえだま	替え玉	daburu / kaedama
807	ねりこ	練り粉	neriko
808	はと	鳩	hato
809	わたげ	綿毛	watage
810	いねむり(を)する	居眠り(を)する	inemuri (o) suru
811	いちダース	一ダース	daasu
812	ひきずる	引きずる	hikizuru
813	りゅう、ドラゴン	竜	ryuu / doragon
814	とんぼ		tombo
815	はいすいぐち	排水口	haisui-guchi
816	えをかく	絵を画く	kaku
817	はねばし	はね橋	hanebashi

TERM #	HIRAGANA	KANJI	ROMAJI
818	ひきだし	引き出し	hikidashi
819	ゆめ	夢	yume
820	ゆめをみる	夢を見る	yume o miru
821	ドレス		doresu
822	ようふくをきる	着る	kiru
823	たんす、ドレッサー		tansu / doressaa
824	よだれをたらす	よだれを垂らす	yodare o tarasu
825	ひょうりゅうする	漂流する	hyooryuu suru
826	あなをあける	穴を空ける	ana o akeru
827	ドリル、きり		doriru / kiri
828	のみもの、ドリンク	飲み物	nomimono / dorinku
829	のむ	飲む	nomu
830	たれる、したたる、おちる	垂れる、滴る、落ちる	tareru / shitataru / ochiru
831	うんてんする、ドライブする	運転する	unten suru / doraibu suru
832	うんてんしゅ、ドライバー	運転手	untenshu / doraibaa
833	あめからきりをめにな りました。 *The rain has become a drizzle.*	霧雨	kirisame
834	よだれをながす	よだれを流す	yodare o nagasu
835	いってき	一滴	itteki
836	おとす	落とす	otosu
837	よる	寄る	yoru
838	おいていく	置いていく	oite iku
839	とちゅうでやめる	途中で止める	tochuu de yameru
840	ねむい、うとうとする	眠い	nemui / uto uto suru
841	ドラム、たいこ	太鼓	doramu / taiko
842	かわいている	乾いている	kawaite iru

TERM #	HIRAGANA	KANJI	ROMAJI
843	ほす、かわかす	干す、乾かす	hosu / kawakasu
844	ドライクリーニング		dorai kuriiningu
845	かんそうき、ドライヤ	乾燥機	kansooki / doraiyaa
846	こうしゃくふじん	公爵夫人	kooshaku fujin
847	あひる	家鴨	ahiru
848	けっとう	決闘	kettoo
849	こうしゃく	公爵	kooshaku
850	ごみのやま	ごみの山	gomi no yama
851	すてる	捨てる	suteru
852	ダンプカー		dampu-kaa
853	つちろう	土牢	tsuchiroo
854	ゆうぐれ	夕暮れ	yuugure
855	ほこり	埃	hokori
856	こびと	小人	kobito
857	それぞれ		sorezore
858	わし	鷲	washi
859	みみ	耳	mimi
860	はやい	早い	hayai
861	おかねをつかうまえに かせがなければな りません。 / You must earn money before you spend it.	稼ぐ	kasegu
862	ちきゅう	地球	chikyuu
863	つち	土	tsuchi
864	じしん	地震	jishin
865	イーゼル		iizeru
866	ひがし	東	higashi
867	やさしい、らく(な)	楽(な)	yasashii / raku (na)
868	たべる	食べる	taberu
869	あさごはんをたべる	朝ご飯を食べる	taberu
870	おひるごはんをたべる	お昼ご飯を食べる	taberu

TERM #	HIRAGANA	KANJI	ROMAJI
871	ばんごはんをたべる	晩ご飯を食べる	taberu
872	やまびこ	山びこ	yamabiko
873	にっしょく	日食	nisshoku
874	はし	端	hashi
875	うなぎ	鰻	unagi
876	たまご	卵	tamago
877	なす	茄子	nasu
878	やっつ、はち	八つ、八	yattsu / hachi
879	やっつめ、はちばんめ	八つ目、八番目	yattsu-me / hachibam-me
880	わゴム	輪ゴム	wagomu
881	ひじ	肘	hiji
882	せんきょでだれがかち ましたか。/ せんきょはせっせんでし た。/ Who won the election? The election was very close.	選挙	senkyo
883	でんきや	電気屋	denki-ya
884	でんき	電気	denki
885	ぞう	象	zoo
886	エレベーター		erebeetaa
887	おおじか	大鹿	oojika
888	にれ	楡	nire
889	はずかしがる	恥かしがる	hazukashigaru
890	だきあう	抱き合う	dakiau
891	ししゅう	刺繍	shishuu
892	ひじょうじたい	非常事態	hijoojitai
893	から、からっぽ	空、空っぽ	kara / karappo
894	おわり	終わり	owari
895	てき	敵	teki
896	エンジン		enjin
897	ぎし	技師	gishi

TERM #	HIRAGANA	KANJI	ROMAJI
898	たのしむ	楽しむ	tanoshimu
899	きょだい(な)	巨大(な)	kyodai (na)
900	それでじゅうぶん。	十分	juubun
901	はいる	入る	hairu
902	いりぐち	入口	iriguchi
903	ふうとう	封筒	fuutoo
904	おなじ、びょうどう	同じ、平等	onaji byoodoo
905	せきどう	赤道	sekidoo
906	アシュレイは おとうさん の(お)つかいを していま す	(お)使い	(o)tsukai
	けさは いろいろ ようじ があります。	用事	yooji
	Ashley is running an errand for Dad. She has many errands this morning.		
907	エスカレーター		esukareetaa
908	にげる	逃げる	nigeru
909	ヨーロッパ		yooroppa
910	じょうはつ	蒸発	joohatsu
911	ぐうすう	偶数	guusuu
912	たいらな ひょうめん	平らな表面	taira (na)
913	じょうりょくじゅ	常緑樹	jooryokuju
914	アシュレイは まいにちに ベッドをつくります。	毎-	mai-
	Ashley makes her bed every day.		
	Every week she visits her grandmother.		
915	しけん	試験	shiken
916	しらべる	調べる	shiraberu

TERM #	HIRAGANA	KANJI	ROMAJI
917	たいを あげると、わかり やすく なるものです。	例	rei
	Things are easier to understand when you give an example.		
918	かんたんふ	感嘆符	kantanfu
919	「ごめんなさい」、「しつれい」	失礼	gomen nasai shitsurei
920	うんどうする	運動する	undoo suru
921	アシュレイは 「そんなものはない」 といいましたが、 それは「そんなものは そんざいしない」と いうみです。	存在	sonzai
	Ashley said "There is no such thing," and she meant "it does not exist."		
922	そとへでる	出る	deru
923	おおきくなる、ひろがる	大きくなる、拡がる	ookiku naru hirogaru
924	おとうさんは アシュレイ がいいこであることを きたいしています。	期待する	kitai suru
	Dad expects Ashley to be a good girl.		
925	たかい、こうか(な)	高い、高価(な)	takai kooka (na)
926	じっけん	実験	jikken
927	エキスパート		ekisupaato
928	せつめいする	説明する	setsumee suru
929	たんけんする	探検する	tanken suru
930	ばくはつ	爆発	bakuhatsu
931	しょうかき	消火器	shookaki
932	め	目	me
933	まゆげ	眉毛	mayuge
934	めがね	眼鏡	megane
935	まつげ	睫	matsuge

TERM #	HIRAGANA	KANJI	ROMAJI
936	はなし、ぐうわ	話、寓話	hanashi / guuwa
937	かお	顔	kao
938	こうじょう	工場	koojoo
939	しけんに しっぱいする。	試験に失敗する。	shippai suru
940	こわれる	壊れる	kowareru
941	(お)まつり	(お)祭り	matsuri
942	ようせい	妖精	yoosee
943	あなたを しんらいして います。 We have faith in you.	信頼	shinrai
944	にせもの	偽物	nisemono
945	あき	秋	aki
946	おちる	落ちる	ochiru
947	ころぶ	転ぶ	korobu
948	おちる	落ちる	ochiru
949	まちがい	間違い	machigai
950	かぞく	家族	kazoku
951	ゆうめいな じょゆう	有名な女優	yuumee (na)
952	せんぷうき	扇風機	sempuuki
953	しゃれた、すてきな	酒落だ、素敵な	shareta / suteki (na)
954	きば	牙	kiba
955	とおい	遠い	tooi
956	さようなら		sayoonara
957	のうじょう	農場	noojoo
958	のうふ	農夫	noofu
959	はやい	速い	hayai
960	しめる	締める	shimeru
961	ふとっている	太っている	futotte iru
962	ちめいてき	致命的	chimeeteki
963	おとうさん、ちちおや	お父さん、父親	otoosan / chichioya
964	じゃぐち	蛇口	jaguchi
965	だれの せいかな？		see
966	ちょっと おねがいがあるんですが......／アシュレイは、ひとにしんせつをするのがすきです。 Can I ask you a favor? Ashley likes doing people favors.	お願い／親切をする	
967	すきな、をにいった	好き(な)、気に入った	suki (na) / ki ni itta
968	おそれる	恐れる	osoreru
969	おいわいのごちそう	お祝いのご馳走	oiwai no gochisoo
970	はね	羽	hane
971	にがつ	二月	ni-gatsu
972	たべさせる	食べさせる	tabesaseru
973	かんじる、おもう	感じる、思う	kanjiru / omou
974	めす	雌	mesu
975	さく	柵	saku
976	フェンダー		fendaa
977	しだ	羊歯	shida
978	フェリー、わたしぶね	渡し船	ferii / watashi-bune
979	まつり	祭り	matsuri
980	ねつ	熱	netsu
981	ひとがすこししかこない	少ししか...ない	sukoshi shika.....nai
982	はらっぱ、はたけ	原っぱ、畑	harappa / hatake
983	いつつめ、ごばんめ	五つめ、五番目	itsutsu-me / gobam-me
984	けんかする、たたかう	喧嘩する、戦う	kenka suru / tatakau
985	つめを みがく	爪を磨く	(tsume o) migaku
986	みたす、いっぱいにする	満たす、一杯にする	mitasu / ippai ni suru
987	いっぱいにする	一杯にする	ippai ni suru
988	フィルム		firumu

TERM #	HIRAGANA	KANJI	ROMAJI
989	きたない	汚い	kitanai
990	ひれ	鰭	hire
991	ばっきん	罰金	bakkin
992	ぼくはげんきだよ。	元気	genki
993	ゆび	指	yubi
994	しもん	指紋	shimon
995	おえる、おわる	終える、終わる	oeru / owaru
996	もみ	籾	momi
997	ひ	火	hi
998	しょうぼうしゃ	消防車	shooboosha
999	ひじょうぐち	非常口	hijooguchi
1000	はなび	花火	hanabi
1001	しょうぼうし	消防士	shoobooshi
1002	だんろ	暖炉	danro
1003	アシュレイはしっかりしたあくしゅをします。 / ペニーのかいしゃはおもちゃをつくっています。 / Ashley has a firm handshake. Penny's firm makes toys.	会社	shikkari shita / kaisha
1004	いちばん、いちばんめ、	一番、一番目	ichiban / ichibam-me,
1005	さかな	魚	sakana
1006	さかなをつる		tsuru
1007	つりばり	釣り針	tsuribari
1008	こぶし、げんこつ		kobushi / genkotsu
1009	いつつ、ご	五つ、五	itsutsu / go
1010	なおす	直す	naosu
1011	はた	旗	hata
1012	せっぺん	雪片	seppen
1013'	ほのお	炎	hono'o
1014	はばたきをする	羽ばたきをする	habataki suru

TERM #	HIRAGANA	KANJI	ROMAJI
1015	しょうめい	照明	shoomee
1016	フラッシュ		frasshu
1017	フラッシュライト、かいちゅうでんとう	懐中電灯	furasshu-raito / kaichuu dentoo
1018	フラスコ		furasuko
1019	たいら	平ら	taira
1020	たいらにのばす	平らに延ばす	taira ni nobasu
1021	フレーバー、あじ	味	fureebaa / aji
1022	のみ	蚤	nomi
1023	にげる	逃げる	nigeru
1024	ひつじのけ、ようもう	羊の毛、羊毛	hitsuji no ke / yoomoo
1025	にく	肉	niku
1026	うかぶ	浮かぶ	ukabu
1027	とりのいちぐん、むれ	鳥の一群、群	ichi-gun / mure
1028	こうずい	洪水	koozui
1029	ゆか	床	yuka
1030	こな	粉	kona
1031	ながれる	流れる	nagareru
1032	はな	花	hana
1033	りゅうかんでねている。	流感	ryuukan
1034	ふわふわした わたげ	綿毛	watage
1035	えきたい	液体	ekitai
1036	はえ	蠅	hae
1037	まえたて	前立て	maetate
1038	とぶ	飛ぶ	tobu
1039	あわ	泡	awa
1040	きり	霧	kiri
1041	おる	折る	oru
1042	ついていく		tsuite iku
1043	たべもの、しょくもつ	食べ物、食物	tabemono / shokumotsu
1044	あし	足	ashi

TERM #	HIRAGANA	KANJI	ROMAJI
1045	フットボール		futtobooru
1046	あしあと	足跡	ashiato
1047	あしおと	足音	ashioto
1048	こじんはすべてのひとの ため、またすべてはこじんのためにある。 One for all and all for one.		tame
1049	ちからづくでおす	力づくで押す	osu
1050	ひたい	額	hitai
1051	もり、はやし	森、林	mori / hayashi
1052	わたしのいぬは、じぶんのなまえをわすれます。おとうさんはミルクをかうのをわすれました。 My dog forgets his name. Dad forgot to buy milk.	忘れる	wasureru
1053	もうううそをつかないとやくそくすれば、ゆるしてあげます。 I forgive you if you promise not to tell lies from now on.	許す	yurusu
1054	フォーク		fooku
1055	フォークリフト		fookurifuto
1056	じんだい、かた	人台、型	jindai / kata
1057	ようさい	要塞	yoosai
1058	しょうめんのドアのところまであるいていってください。 Keep walking forward until you reach the front door.		
1059	かせき	化石	kaseki
1060	いやなにおい	嬢な匂い	iya (na)
1061	きそ、どだい、	基礎、土台	kiso / dodai
1062	ふんすい	噴水	funsui

TERM #	HIRAGANA	KANJI	ROMAJI
1063	きつね	狐	kitsune
1064	はちぶんのいち	8分の1	bun
1065	こわれやすい、もろい	壊れやすい	koware-yasui / moroi
1066	わく、がくぶち	枠、額縁	waku / gakubuchi
1067	そばかす		sobakasu
1068	じゆう(な)	自由(な)	jiyuu (na)
1069	こおる	凍る	kooru
1070	しんせんな	新鮮(な)	shinsen (na)
1071	アシュレイは きんようび には やきゅうの しあいに いきます。 Ashley goes to a baseball game on Fridays.	金曜日	kinyoobi
1072	れいぞうこ	冷蔵庫	reezooko
1073	ともだち	友達	tomodachi
1074	おどかす、びっくりさせる	脅かす	odokasu / bikkuri saseru
1075	かえる	蛙	kaeru
1076	かせいから きました。	火星から来ました。	kara
1077	まえ	前	mae
1078	しも	霜	shimo
1079	しかめつらをする		shikametsura o suru
1080	くだもの、フルーツ	果物	kudamono / furuutsu
1081	やく、いためる、あげる	焼く、炒める、揚げる	yaku / itameru / ageru
1082	フライパン		furaipan
1083	ねんりょう	燃料	nenryoo
1084	いっぱい	一杯	ippai
1085	たのしむ	楽しむ	tanoshimu
1086	ぼきん	募金	bokin
1087	そうしき	葬式	sooshiki
1088	ろうと、じょうご	漏斗	rooto / joogo

TERM #	HIRAGANA	KANJI	ROMAJI
1095	とっぷう、おおかぜ	突風、大風	toppuu / ookaze
1096	ギャラリー、がろう	画廊	garoo / gyararii
1097	うまがかける、ギャロップ	馬が駆ける	kakeru / gyaroppu
1098	ゲーム		geemu
1099	がちょう		gachoo
1100	ギャング、ぼうりょくだん	暴力団	gyangu / booryoku-dan
1101	ギャップ、すきま	隙間	gyappu / sukima
1102	ガレージ、しゃこ	車庫	gareeji / shako
1103	ごみ	塵(芥)	gomi
1104	ごみいれ	塵入れ(芥入れ)	gomi-ire
1105	やさいばたけ	野菜畑	yasai-batake
1106	うがいする		ugai suru
1107	にんにく		nin'niku
1108	ガーダー		gaataa
1109	きたい	気体	kitai
	あるきたいは（くうきより）かるいです。 しょうぼうふはけむりをさけるためにガスマスクをします。 *Some gases are lighter than air.* *Firemen wear gas masks against the smoke.*		gasu
1110	ガソリン		gasorin
1111	アクセル		akuseru
1112	ガソリンポンプ		gosorin pompu
1113	ガソリンスタンド		gasorin sutando
1114	もん	門	mon
1115	あつめる	集める	atsumeru
1116	はぐるま、ギヤ	歯車	haguruma / giya
1117	ほうせき	宝石	hooseki

TERM #	HIRAGANA	KANJI	ROMAJI
1118	たいしょう	大将	taishoo
1119	きまえのよい	気前のよい	kimae no yoi
1120	きのやさしい	気のやさしい	ki no yasashii
1121	しんし	紳士	shinshi
1122	ほんもの(の)、じゅんしゅ(の)	本物(の)、純種(の)	hom'mono (no) / junshu (no)
1123	ちり	地理	chiri
1124	ゼラニューム		zeranyuumu
1125	ペットのジャーヒル		jaabiru
1126	きん、さいきん	菌、細菌	kin / saikin
1127	つかまえる	捕まえる	tsukamaeru
1128	とりかえす	取り返す	torikaesu
1129	はいる	入る	hairu
1130	おりる	下りる、降りる	oriru
1131	のる	乗る	noru
1132	すてる	捨てる	suteru
1133	おきる	起きる	okiru
1134	おばけ、ゆうれい	お化け、幽霊	obake / yuuree
1135	きょじん	巨人	kyojin
1136	ギフト、おくりもの	贈り物	gifuto / okurimono
1137	きょだい(な)	巨大(な)	kyodai(na)
1138	くすくすわらう	くすくす笑う	kusu kusu warau
1139	えら	鰓	era
1140	しょうが	生姜	shooga
1141	ジンジャーブレッド		jinjaa-bureddo
1142	ジプシー		jipushii
1143	きりん		kirin
1144	おんなのこ	女の子	onna no ko
1145	あげる		ageru
1146	かえしてあげる	返してあげる	kaeshite ageru
1147	こうさんする	降参する	koosan suru
1148	ひょうが	氷河	hyooga

TERM #	HIRAGANA	KANJI	ROMAJI
1149	うれしい		ureshii
1150	ガラス		garasu
1151	コップ		koppu
1152	めがね	眼鏡	megane
1153	すべる	滑る	suberu
1154	グライダー		guraidaa
1155	てぶくろ	手袋	tebukuro
1156	のり、せっちゃくざい	糊、接着剤	
1157	いく	行く	iku
1158	おりる	下りる	oriru
1159	はいる	入る	hairu
1160	あがる、のぼる	上がる、登る	agaru / noboru
1161	ゴール		gooru
1162	やぎ	山羊	yagi
1163	グーグル、すいちゅうめがね	水中眼鏡	googuru / suichuu-megane
1164	きん	金	kin
1165	きんぎょ	金魚	kingyo
1166	ゴルフ		gorufu
1167	いい、よい		ii / yoi
1168	さようなら		sayoonara
1169	がちょう	悠鳥	gachoo
1170	すぐり		suguri
1171	ゴージャス(な)、ごうか(な)	豪華(な)	goojasu (na) / gooka (na)
1172	ゴリラ		gorira
1173	せいふはくにをおさめる。	治める	osameru
	くにをおさめるというこ とは いっけん やさしそ うに みえるが、けっして やさしくはない。		
	The government governs the country. It is not as easy to govern a country as it seems.		

TERM #	HIRAGANA	KANJI	ROMAJI
1174	せいふは こくみんに よって えらばれる。	政府	seefu
	リサのおとうさんはせい ふのしごとをしている。		
	The government is elected by the people. Lisa's dad works for the government.		
1175	ひったくる		hittakuru
1176	じょうひん(な)	上品(な)	joohin (na)
1177	いちねんせい	一年生	ichi-nen-see
1178	こくもつ	穀物	kokumotsu
1179	グラム		guramu
1180	まご	孫	mago
1181	おじいさん		ojiisan
1182	おばあさん		obaasan
1183	みかげいし	御影石	mikage-ishi
1184	ゆうきゅうきゅうかを とうかあげましょう。	上げる	ageru / kanaeru
	ようせいがねがいを みっつかなえてくれる でしょう。		
	I grant you ten days' leave of absence. The fairy will grant you three wishes.		
1185	ぶどう	葡萄	budoo
1186	グレープフルーツ		gureepu-furuutsu
1187	グラフ、ずひょう	図表	gurafu / zuhyoo
1188	くさ	草	kusa
1189	ばった		batta
1190	おろしがね		oroshigane
1191	はか	鍬	haka
1192	じゃり	砂利	jari
1193	じゅうりょく	重力	juuryoku
1194	くさをたべる	草を食べる	kusa o taberu

TERM #	HIRAGANA	KANJI	ROMAJI
1195	あぶら	油	abura
1196	すばらしい、とてもいい		subarashii totemo ii
1197	けち(な)、よくばり(の)	欲張り(の)	kechi (na) yokubari (no)
1198	みどりいろ	緑色	midori-iro
1199	グリーンピース		guriin piisu
1200	グリーンハウス、おんしつ	温室	guriin hausu onshitsu
1201	あいさつする	挨拶する	aisatsu suru
1202	グレイ、ねずみいろ	ねずみ色	guree nezumi-iro
1203	やく	焼く	yaku
1204	よごれた、きたない	汚れた、汚い	yogoreta kitanai
1205	にやにやする		niya niya suru
1206	ひく	挽く	hiku
1207	つかむ	掴む	tsukamu
1208	うめく	呻く	umeku
1209	しょくりょうひんてん	食料品店	shokuryoohin-ten
1210	しょくりょうひん	食料品	shokuryoohin
1211	しんろう、はなむこ	新郎、花婿	shinroo hanamuko
1212	ばてい	馬丁	batee
1213	<u>ブラシをかけて きれいにする</u>		burashi o kakeru
1214	みぞ、へこみ	溝、凹み	mizo hekomi
1215	きみのわるい、ぞっとする	気味の悪い	kimi no warui zotto suru
1216	じめん、つち	地面、土	jimen tsuchi
1217	マーモット		maamotto
1218	グループ、しゅうだん	集団	guruupu shuudan
1219	はえる、そだつ	生える、育つ	haeru sodatsu
1220	うなる		unaru

TERM #	HIRAGANA	KANJI	ROMAJI
1221	おとな	大人	otona
1222	みはる、まもる	見張る、守る	miharu mamoru
1223	あてる、すいそくする	当てる、推測する	ateru suisoku suru
1224	きゃく、おきゃくさん	客、お客さん	kyaku okyakusan
1225	あんないする	案内する	an'nai suru
1226	アシュレイは じぶんには <u>つみ</u>がないといいます。 りんごをとっていったの はだれでしょうか。 Ashley says that she is not guilty. Who is guilty of taking the apple?	罪がある	tsumi ga aru
1227	モルモット		morumotto
1228	ギター		gitaa
1229	メキシコわん	メキシコ湾	mekishiko-wan
1230	かもめ	鴎	kamome
1231	はぐき	歯茎	haguki
1232	ガム		gamu
1233	とい、(はいすいようの)みぞ	樋、(排水用の)溝	toi mizo
1234	<u>わるいしゅうかん、くせ</u>	悪い習慣、癖	shuukan kuse
1235	たら(のいっしゅ)	鱈(の一種)	tara
1236	ひょう	雹	hyoo
1237	かみのけ、け	髪の毛、毛	kami no ke ke
1238	ヘアーブラシ		heaa-burashi
1239	びようし	美容師	biyooshi
1240	ヘアードライヤー		heaa-doraiyaa
1241	はんぶん	半分	hambun
1242	(げんかんの)ひろま、ホール	(玄関の)広間	hiroma hooru
1243	ハロウィーン		harowiin
1244	ろうか	廊下	rooka

TERM #	HIRAGANA	KANJI	ROMAJI
1245	とまる	止まる	tomaru
1246	かなづち、ハンマー	金槌	kanazuchi hammaa
1247	うつ	打つ	utsu
1248	ハンモック		hammokku
1249	ハムスター		hamusutaa
1250	て	手	te
1251	だす、てわたす	出す、手渡す	dasu tewatasu
1252	ハンドブレーキ		hando-bureeki
1253	てじょう	手錠	tejoo
1254	めがみえないということはハンディキャップだ。		handikyappu
	どんなしょうがいでものりこえることができます。	障害	shoogai
	Being blind is a handicap. People can overcome any handicap.		
1255	ハンドル、とって	取っ手	handoru totte
1256	てすり	手摺り	tesuri
1257	ハンサム（な）		hansamu (na)
1258	きようなひと	器用な人	kiyoo (na)
1259	えをかける	絵を掛ける	kakeru
1260	しがみつく、がんばる	しがみつく、頑張る	shigamitsuku gambaru
1261	かける、つるす		kakeru tsurusu
1262	かくのうこ	格納庫	kakunooko
1263	ハンガー		hangaa
1264	ハンカチ		hankachi
1265	じこがおこる	事故が起こる	okoru
1266	しあわせ（な）、こうふく（な）	幸せ（な）、幸福（な）	shiawase (na) koofuku (na)
1267	みなと	港	minato
1268	かたい	硬い	katai

TERM #	HIRAGANA	KANJI	ROMAJI
1269	のうさぎ	野兎	no-usagi
1270	きずつける、がいをあたえる	傷つける、害を与える	kizu tsukeru gai o ataeru
1271	ハーモニカ		haamonika
1272	ばぐ	馬具	bagu
1273	ハープ		haapu
1274	きびしいふゆ	厳しい冬	kibishii
1275	かりいれる	刈り入れる	kariireru
1276	ぼうし	帽子	booshi
1277	たまごがかえる	卵が孵る	kaeru
1278	おの	斧	ono
1279	ひきずる、ひっぱる	引きづる、引っ張る	hikizuru hipparu
1280	おばけやしき	お化け屋敷	obake-yashiki
1281	もっている	持っている	motte iru
1282	たか	鷹	taka
1283	ほしくさ	干し草	hoshigusa
1284	もや		moya
1285	へーゼル、はしばみ		heezeru hashibami
1286	へーゼルナッツ		heezeru-nattsu
1287	あたま	頭	atama
1288	づつう	頭痛	zutsuu
1289	ヘッドレスト		heddo-resuto
1290	なおる	治る	naoru
1291	げんき（な）、けんこう（な）	元気（な）、健康（な）	genki (na) kenkoo (na)
1292	ごみのやま	ごみの山	gomi no yama
1293	こえがきこえる	声が聞こえる	kikoeru
1294	しんぞう	心臓	shinzoo
1295	あたためる	温める	atatameru
1296	ヒーター		hiitaa
1297	もちあげる	持ち上げる	mochiageru
1298	てんごく	天国	tengoku
1299	おもい	重い	omoi

TERM #	HIRAGANA	KANJI	ROMAJI
1300	かきね	垣根	kakine
1301	はりねずみ	針鼠	harinezumi
1302	かかと	踵	kakato
1303	ヘリコプター		herikoputaa
1304	じごく	地獄	jigoku
1305	こんにちは。	今日は。	kon'nichiwa
1306	かじ	蛇	kaji
1307	ヘルメット		herumetto
1308	たすける、てつだう	助ける、手伝う	tasukeru / tetsudau
1309	むりょく(な)	無力(な)	muryoku (na)
1310	すそ、へり	裾、縁	suso / heri
1311	はんきゅう	半球	hankyuu
1312	めんどり	雌鳥	mendori
1313	しちかっけい、ななかっけい	七角形	shichikakkee / nanakakkee
1314	やくそう	薬草	yakusoo
1315	うしのむれ	牛の群	mure
1316	ここにいらっしゃい!		koko
1317	よすてびと	世捨て人	yosutebito
1318	えいゆう、ヒーロー	英雄	eeyuu / hiiroo
1319	ヒロイン		hiroin
1320	にしん	鰊	nishin
1321	ためらう、ちゅうちょする	躊躇する	tamerau / chuucho suru
1322	ろっかっけい	六角形	rokkakkee
1323	とうみんする	冬眠する	toomin suru
1324	しゃっくりがでる		shakkuri ga deru
1325	どうぶつのかわ	動物の皮	kawa
1326	かくれる	隠れる	kakureru
1327	かくれば	隠れ場	kakureba
1328	たかいやま	高い山	takai
1329	こうそうけんちく	高層建築	koosoo

TERM #	HIRAGANA	KANJI	ROMAJI
1330	こうとうがっこう、こうこう	高等学校、高校	kootoo gakkoo / kookoo
1331	ハイウェイ		haiwee
1332	ハイジャックする		haijakku suru
1333	おか	丘、岡	oka
1334	ちょうつがい、とめがね	蝶番、留め金	chootsugai / tomegane
1335	うしろあし	後ろ足	ushiro-ashi
1336	こし、ヒップ	腰	koshi / hippu
1337	かば	河馬	kaba
1338	れきし	歴史	rekishi
1339	うつ、たたく	打つ、叩く	utsu / tataku
1340	はちのす	蜂の巣	hachi no su
1341	ためこむ	溜め込む	tamekomu
1342	がらがらごえ	がらがら声	gara gara goe
1343	しゅみ	趣味	shumi
1344	アイスホッケー		aisu hokkee
1345	パック		pakku
1346	スティック		sutikku
1347	くわ	鍬	kuwa
1348	だく、もつ	抱く、持つ	daku / motsu
1349	おさえつける	押さえつける	osaetsukeru
1350	あな	穴	ana
1351	やすみ、さいじつ、きゅうじつ	休み、祭日、休日	yasumi / saijitsu / kyuujitsu
1352	くうどう、うろ	空洞	kuudoo / uro
1353	ひいらぎ	柊	hiiragi
1354	しんせいなうし	神聖な牛	shinsee (na)
1355	いえにいる	家にいる	ie
1356	しゅくだい	宿題	shukudai
1357	しょうじき(な)	正直(な)	shoojiki (na)

TERM #	HIRAGANA	KANJI	ROMAJI
1358	はちみつ	蜂蜜	hachimitsu
1359	(こけいの)はちみつ	(固形の)蜂蜜	hachimitsu
1360	ハニーデュー・メロン		haniiduu-meron
1361	クラクションをならす	クラクションを鳴らす	kurakushon o narasu
1362	めいよ、えいよ	名誉、栄誉	meeyo / eeyo
1363	フード		fuudo
1364	ボンネット、フード		bonnetto / fuudo
1365	ひづめ	蹄	hizume
1366	つりばり、かぎばり	かぎ針	tsuribari / kagibari
1367	フープ、わ	輪	fuupu / wa
1368	ぴょんぴょんとぶ	ぴょんぴょん跳ぶ	pyon pyon tobu
1369	きぼうする	希望する	kiboo suru
1370	きぼうがない	希望がない	kiboo ga nai
1371	いしけりゲーム	石蹴りゲーム	ishikeri geemu
1372	ちへいせん	地平線	chiheesen
1373	すいへいの	水平の	suihee (no)
1374	けいてき	警笛	keeteki
1375	ホルン		horun
1376	つの	角	tsuno
1377	すずめばち	雀蜂	suzume-bachi
1378	うま	馬	uma
1379	せいようわさび	西洋山葵	seeyoo wasabi
1380	ていてつ	蹄鉄	teetetsu
1381	ホース		hoosu
1382	びょういん	病院	byooin
1383	あつい	暑い	atsui
1384	からい	辛い	karai
1385	とうがらし	唐辛子	toogarashi
1386	ホテル		hoteru
1387	じかん	時間	jikan
1388	すなどけい	砂時計	suna-dokei

TERM #	HIRAGANA	KANJI	ROMAJI
1389	いえ、うち	家	ie / uchi
1390	ホーバークラフト		hoobaa-kurafuto
1391	どうするか おしえて あげる。	どうするか教えてあげる。	doo
1392	とおぼえする	遠吠え	tooboe
1393	ホイールキャップ		hoiiru kyappu
1394	ハックルベリー・こけもも	苔桃	hakkuru-berii / kokemomo
1395	みをかがめる	身を屈める	mi o kagameru
1396	きょだい(な)、おおきな	巨大(な)、大きな	kyodai (na) / ookina
1397	せんたい	船体	sentai
1398	はちどり	蜂鳥	hachidori
1399	らくだのこぶ	駱駝の瘤	kobu
1400	ひゃく	百	hyaku
1401	おなかがすいている	お腹が空いている	onaka ga suite iru
1402	かりをする	狩りをする	kari o suru
1403	なげる	投げる	nageru
1404	ハリケーン、ぼうふう	暴風	harikeen / boofuu
1405	いそぐ	急ぐ	isogu
1406	てくびがいたい	手首が痛い	itai
1407	おっと、しゅじん	夫、主人	otto / shujin
1408	こや	小屋	koya
1409	しょっきだな	食器棚	shokkidana
1410	ヒヤシンス		hiyashinsu
1411	さんびか	賛美歌	sambika
1412	ハイフンとは、ことばとことばをむすぶみじかいせんのことです。 *Hyphens are short lines between words.*		haifun
1413	アイス、こおり	水	aisu / koori
1414	アイスクリーム		aisukuriimu

TERM #	HIRAGANA	KANJI	ROMAJI
1415	ひょうざん	氷山	hyoozan
1416	つらら	氷柱	tsurara
1417	アイシング		aishingu
1418	アイディア、かんがえ	考え	aidia / kangae
1419	まったくおなじ	全く同じ	mattaku onaji
1420	ばか、はくち	馬鹿、白痴	baka / hakuchi
1421	ぶらぶらしている		bura bura shite iru
1422	もしかうことができればあなたにかってあげるんですが…… *I would buy it for you if I could.*		moshi.....reba
1423	イグルー		iguruu
1424	イグニッション・キー		igunisshon kii
1425	びょうき	病気	byooki
1426	てらす	照らす	terasu
1427	ほんのなかのえをさしえといいます。 このじてんにはさしえがたくさんあります。 *Pictures in a book are called illustrations.* *This dictionary has many illustrations.*	挿絵	sashie
1428	アシュレイにとってたいせつなことは、ジャックにとってじゅうようなことかもしれません。 *What is important to Ashley may not be important to Jack.*	大切（な） 重要（な）	taisetsu (na) juuyoo (na)
1429	トニーさんはいますか。 *Is Tony in?* みずうみにとびこみなさい *Go jump in the lake!*		

TERM #	HIRAGANA	KANJI	ROMAJI
1430	（お）こう	（お）香	(o)koo
1431	インチ		inchi
1432	ほんのうしろにさくいんがあります。 インデックスにはことばがぜんぶでてくることばがふくまれています。 *There is an index at the back of this book.* *The index contains all the words in the dictionary.*	索引	sakuin indekkusu
1433	あいいろ	藍色	ai-iro
1434	おくない、しつない	屋内、室内	okunai shitsunai
1435	ちのみご、ようじ	乳飲み子、幼児	chinomigo yooji
1436	かんせん、でんせん	感染、伝染	kansen densen
1437	でんせんびょうにかかります。 ときどきわらいはうつります。 *You could catch an infectious disease. Sometimes laughter is infectious.*	伝染病 移る	densenbyoo utsuru
1438	しらせる、おしえる	知らせる、教える	shiraseru oshieru
1439	くまはほらあなにすんでいる。	住んでいる	sunde iru
1440	イニシャル、かしらもじ	頭文字	inisharu kashira moji
1441	ちゅうしゃ	注射	chuusha
1442	けが	怪我	kega
1443	インク		inku
1444	こんちゅう	昆虫	konchuu
1445	はこのなか	中	naka
1446	いいはる、しゅちょうする	言い張る、主張する	iiharu shuchoo suru
1447	しらべる、けんさする	調べる、検査する	shiraberu kensa suru

Left table

TERM #	HIRAGANA	KANJI	ROMAJI
1448	けいぶ	警部	keebu
1449	フォークのかわりに スプーンをつかう。	代わりに	kawari ni
1450	つかいかたの せつめい、し じ	使い方の説明、指示	setsumee shiji
1451	こうし、せんせい	講師、先生	kooshi sensee
1452	でんせんのまわりには ひとがさわっても かんでんしないように せつえんたいがまいて あります。	絶縁体	zetsuentai
	There is insulation around the wires so people will not get a shock.		
1453	こうさてん	交差点	koosaten
1454	インタビュー、めんせつ	面接	intabyuu mensetsu
1455	へやのなかに はいる	部屋の中に入る	naka
1456	しょうかいする	紹介する	shookai suru
1457	しんにゅうする	侵入する	shin'nyuu suru
1458	びょうにん	病人	byoonin
1459	はつめいする	発明する	hatsumee suru
1460	めにみえない	目に見えない	me ni mienai
1461	しょうたい	招待	shootai
1462	しょうたいする、まねく	招待する、招く	shootai suru maneku
1463	あやめ、アイリス	菖蒲	ayame airisu
1464	アイロンをかける		airon o kakeru
1465	アイロン		airon
1466	てっかめん	鉄仮面	tekkamen
1467	しま	島	shima
1468	アシュレイはうでにはっ しんができてかゆいです。	痒い	kayui
	The rash on Ashley's arm makes her skin itch.		
1469	かく	掻く	kaku

Right table

TERM #	HIRAGANA	KANJI	ROMAJI
1470	かゆい	痒い	kayui
1471	つた	蔦	tsuta
1472	つつつく		tsuttsuku
1473	うわぎ、ジャケット	上着	uwagi jaketto
1474	ほんのカバー	本のカバー	kabaa
1475	ぎざぎざ		giza giza
1476	けいむしょ、かんごく	刑務所、監獄	keimusho kangoku
1477	ジャム		jamu
1478	おしこむ、つめこむ	押し込む、詰め込む	oshikomu tsumekomu
1479	いちがつ	一月	ichigatsu
1480	びん	瓶	bin
1481	あご	顎	ago
1482	ジーパン、ジーンズ		jiipan jiinzu
1483	ジープ		jiipu
1484	ゼリー		zerii
1485	ジェットエンジン		jetto enjin
1486	ジェットき	ジェット機	jetto-ki
1487	ふきだし	吹き出し	fukidashi
1488	ほうせき	宝石	hooseki
1489	ジグソーパズル		jigusoo pazuru
1490	しごとをする	仕事	shigoto
1491	きしゅ、ジョッキー	騎手	kishu jokkii
1492	ジョギングする		jogingu suru
1493	あわせる、つける	合わせる、付ける	awaseru tsukeru
1494	かんせつ	関節	kansetsu
1495	じょうだん、ジョーク	冗談	joodan jooku
1496	はんじ、さいばんかん	判事、裁判官	hanji saibankan
1497	てじなし	手品師	tejinashi
1498	ジュース		juusu

TERM #	HIRAGANA	KANJI	ROMAJI
1499	しちがつ	七月	shichigatsu
1500	ジャンプする、とぶ	跳ぶ	jampu suru / tobu
1501	とびこむ	飛びこむ	tobikomu
1502	とびのる	跳び乗る	tobinoru
1503	ちょうやくのせんしゅ	跳躍の選手	chooyaku no senshu
1504	ジャンパー		jampaa
1505	ジャンパーテーブル		jampaa keeburu
1506	ろくがつ	六月	rokugasu
1507	ジャングル		janguru
1508	ジャンク		janku
1509	がらくた、くず	屑	garakuta / kuzu
1510	ちょうど		choodo
	アシュレイはちょうどうちにかえったところです。 はんとはただしいひとです。 Ashley just got home. The judge is a just person.	正しい	tadashii
1511	ひゃくしょくがんきょう、まんげきょう	百色眼鏡 万華鏡	hyakushoku megane / mangekyoo
1512	カンガルー		kangaruu
1513	(ふねの)キール	(船の)キール	kiiru
1514	いぬごや	大小屋	inugoya
1515	とうもろこしのつぶ	とうもろこしの粒	tsubu
1516	やかん		yakan
1517	かぎ	鍵	kagi
1518	キックする、ける		kikku suru / keru
1519	こども	子供	kodomo
1520	こやぎ	子山羊	ko-yagi
1521	ゆうかいする	誘かいする	yuukai suru
1522	じんぞう	腎臓	jinzoo

TERM #	HIRAGANA	KANJI	ROMAJI
1523	ころす	殺す	korosu
1524	かまでやく	かまで焼く	kama
1525	キログラム		kiroguramu
1526	キロメートル		kiromeetoru
1527	スコットランドのキルト		kiruto
1528	ドレスはようふくのしゅるい	ドレスは洋服の種類	shurui
1529	しんせつな、やさしいおんなのこ	親切(な)、優しい女の子	shinsetsu (na) / yasashii
1530	おう、おうさま	王、王様	oo / oo-sama
1531	かわせみ		kawasemi
1532	キオスク、ばいてん	売店	kiosuku / baiten
1533	にしんのくんせい	にしんの燻製	nishin no kunsee
1534	キスする、せっぷんする	接吻する	kisu suru / seppun suru
1535	キス		kisu
1536	キッチン、だいどころ	台所	kitchin / daidokoro
1537	たこをあげる	凧を揚げる	tako
1538	こねこ	子猫	ko-neko
1539	キーウィ		kiiwi
1540	ひざ		hiza
1541	ひざをつく	膝をつく	hiza o tsuku
1542	ナイフ		naifu
1543	あむ	編む	amu
1544	ドアのとっこ	ドアの取っ手	totte
1545	ドアをノックする、たたく	叩く	nokku suru / tataku
1546	なわのむすびめ	縄の結び目	musubi-me

TERM #	HIRAGANA	KANJI	ROMAJI
1547	このことばのいみをしっていますか？ アシュレイは フランスご をよくしっています。 *Do you know what this word means?* *Ashley knows French well.*	この言葉の意味を知っていますか？ アシュレイはフランス語をよく知っています。	shitte iru
1548	ゆびのかんせつ	指の関節	kansetsu
1549	コアラはオーストラリアにすんでいる。	コアラはオーストラリアに住んでいる。	koara
1550	ラベル		raberu
1551	ラボ、じっけんしつ	実験室	rabo jikkenshitsu
1552	レースのえり	レースの衿	reesu
1553	(くつの)ひもをむすぶ	(靴の)ひもを結ぶ	himo o musubu
1554	はしご	梯子	hashigo
1555	ひしゃく		hishaku
1556	じょせい、ふじん	女性、婦人	josee fujin
1557	てんとうむし	てんとう虫	tentoomushi
1558	レディフィンガー (おかしのなまえ)		
1559	(けものの)すみか	(獣の)棲か	sumika
1560	みずうみ	湖	mizuumi
1561	こひつじ	子羊	ko-hitsuji
1562	フロシーはびっこを ひいている。	フロシーはびっこを引いて いる。	bikko
1563	ランプ		rampu
1564	がいとう	街灯	gaitoo
1565	やり	槍	yari
1566	りく	陸	riku
1567	ちゃくりくする	着陸する	chakuriku suru
1568	かいだんのおどりば	階段の踊り場	odoriba

TERM #	HIRAGANA	KANJI	ROMAJI
1569	このアパートは おおやさ んのものなのです。 まいつきおおやさんにや ちんをはらっています。 *This apartment belongs to our landlord.* *We pay our landlord rent every month.*	このアパートは大家さんの ものです。 毎月大家さんに家賃を払い ます。	ooyasan
1570	しゃせん	車線	shasen
1571	なんかこくごはなせます か。 アシュレイは がいこく のことばが ならいたい です。 *How many languages can you speak?* *Ashley wants to learn a foreign language.*	何か国語話せますか。 アシュレイは外国の言葉が 習いたいです。	go kotoba
1572	てさげランプ	手提げランプ	tesage rampu
1573	あかちゃんをひざに のせる。		hiza
1574	からまつ	落葉松	karamatsu
1575	ラード		raado
1576	おおきい、おおきな	大きい、大きな	ookii ookina
1577	ひばり	雲雀	hibari
1578	ながいまつげ	長いまつ毛	matsuge
1579	さいごのひとされ	最後の一きれ	saigo
1580	ながもちする	長持ちする	nagamochi suru
1581	かけがねをかける	掛け金をかける	kakegane
1582	きみ、ちこくだよ。	君、遅刻だよ。	chikoku
1583	せっけんのあわ	石けんの泡	awa
1584	わらう	笑う	warau
1585	ランチ、 モーターボート		ranchi mootaa booto
1586	はっしゃする	発射する	hassha suru
1587	はっしゃだい	発射台	hassha dai
1588	よごれたせんたくもの	汚れた洗濯物	sentaku-mono

Left table

TERM #	HIRAGANA	KANJI	ROMAJI
1589	せんたくば	洗濯場	sentaku-ba
1590	ラベンダー		rabendaa
1591	ほうりつにしたがえ。	法律に従え。	hooritsu
1592	しばふ	芝生	shibafu
1593	しばかりき	芝刈り機	shibakariki
1594	タイルをはる		haru
1595	かさねる	重ねる	kasaneru
1596	なまけもの	怠け者	namakemono
1597	うまをリードする	馬をリードする	riido suru
1598	リーダー、しどうしゃ	指導者	riidaa / shidoosha
1599	は、はっぱ	葉、葉っぱ	ha / happa
1600	このバケツはもる	漏る	moru
1601	かたむく	傾く	katamuku
1602	よみかたをならう	読み方を習う	narau
1603	いぬのくさり	犬のくさり	kusari
1604	くつはかわでできている。	靴は皮で出来ている。	kawa
1605	おく	置く	oku
1606	でる	出る	deru
1607	まどのつきだし	窓の突き出し	tsukidashi
1608	リーク		riiku
1609	ひだり	左	hidari
1610	ひだりきき	左利き	hidari-kiki
1611	あし	脚	ashi
1612	でんせつ	伝説	densetsu
1613	レモン		remon
1614	レモネード		remoneedo
1615	このほんをかしてあげましょう。	この本を貸してあげましょう。	kasu
1616	レンズ		renzu
1617	ひょう	豹	hyoo
1618	レオタード		reotaado
1619	すくない	少ない	sukunai

Right table

TERM #	HIRAGANA	KANJI	ROMAJI
1620	レッスン	レッスン	ressun
1621	はなして！	離して！	hanasu
1622	アルファベットのもじ	アルファベットの文字	moji
1623	てがみをかく	手紙を書く	tegami
1624	レタス	レタス	retasu
1625	たいらなひょうめん	平らな表面	taira (na)
1626	てこ、レバー		teko / rebaa
1627	うそつき	嘘つき	usotsuki
1628	としょかん、としょしつ	図書館、図書室	toshokan / toshoshitsu
1629	ナンバー・プレート		nambaa pureeto
1630	なめる		nameru
1631	ふた		futa
1632	うそをつく		uso o tsuku
1633	よこになる	横になる	yoko ni naru
1634	じんせいははじまったところ。	人生は始まったところ。	jinsee
1635	きゅうめいボート	救命ボート	kyuumee booto
1636	もちあげる	持ち上げる	mochiageru
1637	でんきをつける	電気をつける	denki
1638	ろうそくにひをつける	ろうそくに火をつける	hi o tsukeru
1639	でんきゅう	電球	denkyuu
1640	にをかるくする	荷を軽くする	karuku suru
1641	とうだい	灯台	toodai
1642	かみなり	雷	kaminari
1643	ひらいしん	避雷針	hiraishin
1644	シャロンはねこがすき。	シャロンは猫が好き。	suki
1645	ソフィアはあした きそうもありません。 / ありそうな はなしです。 _Sophia is not likely to come tomorrow._ _That is a likely story._	ソフィアはあした来そうもありません。 / ありそうな話です。	-soo
1646	ライラック		rairakku

TERM #	HIRAGANA	KANJI	ROMAJI
1647	(ゆり)		yuri
1648	おおきなえだ	大きな枝	eda
1649	ライム		raimu
1650	スピードせいげんは50キロです。	スピード制限は50キロです。	seegen
	ジョーのしんせつにはかぎりがありません。	ジョーの親切には限りがありません。	kagiri
	The speed limit is 50 kilometers per hour. There is no limit to Joe's kindness.		
1651	びっこをひく	びっこを引く	bikko
1652	まっすぐなせん	まっすぐな線	sen
1653	リネン		rinen
1654	ていきせん	定期船	teekisen
1655	うらあて	裏当て	ura'ate
1656	うでをくむ	腕を組む	kumu
1657	せんいくず	繊維くず	sen'ikuzu
1658	ライオン		raion
1659	くちびる	唇	kuchibiru
1660	くちべに	口紅	kuchibeni
1661	えきたい	液体	ekitai
1662	リスト		risuto
1663	みんなきいている。	みんな聞いている	kiku
1664	リットル		rittoru
1665	ちらかさないで！	散らかさないで！	chirakasu
1666	ちいさなりんご	小さなりんご	chiisana
1667	アシュレイはまちにすんでいます。	アシュレイは町に住んでいます。	sumu
	つきにすむのはむずかしいでしょう。	月に住むのは難しいでしょう。	
	Ashley lives in the city. It would be difficult to live on the moon.		
1668	げんきがいい、かっぱつ(な)	元気がいい、活発(な)	genki ga ii / kappatsu (na)

TERM #	HIRAGANA	KANJI	ROMAJI
1669	いま	居間	ima
1670	とかげ		tokage
1671	たいほうにたまをこめる	大砲にたまを込める	tama o komeru
1672	トラックににもつをつむ	トラックに荷を積む	ni o tsumu
1673	パン		pan
1674	コリンはアシュレイにおかねをかしました。	コリンはアシュレイにお金を貸しました。	kasu
	Colin loaned money to Ashley.		
1675	いせえび、ロブスター	伊勢海老	ise-ebi / robusutaa
1676	かぎをかける	鍵を掛ける	kagi o kakeru
1677	じょう	錠	joo
1678	きかんしゃ	機関車	kikansha
1679	いなご、ばった	蝗	inago / batta
1680	やまごや、ロッジ	山小屋	yamagoya / rojji
1681	やねうら	屋根裏	yaneura
1682	まるた	丸太	maruta
1683	ロリーポップ		roriipoppu
1684	さびしい		sabishii
1685	きりんのくびはながい、	きりんの首は長い	nagai
1686	みる、ながめる	見る、眺める	miru / nagameru
1687	はたでスカーフをおる	機でスカーフを織る	hata
1688	なわのわ	縄の輪	wa
1689	ゆるい		yurui
1690	てぶくろをなくす	手袋を無くす	nakusu
1691	ローション		rooshon
1692	おおきなおと	大きな音	ookina
1693	かくせいき	拡声器	kakuseeki
1694	やすむ、なまける	休む、怠ける	yasumu / namakeru

TERM #	HIRAGANA	KANJI	ROMAJI
1695	あいはすべてだとアシュレイはいいます。 *Ashley says that love is everything.*	愛	ai
1696	あいする	愛する	ai suru
1697	うつくしい、かわいらしい	美しい、可愛らしい	utsukushii / kawairashii
1698	ひくいところにあるえだ	低いところにある枝	hikui
1699	さげる	下げる	sageru
1700	おてんきがよくてほんとうにこううんでした。 なんてうんがいいんでしょう。 *We were really lucky to have such nice weather. How lucky you are!*	運、幸運	un / koo'un
1701	にもつ	荷物	nimotsu
1702	なまぬるいおゆ	生ぬるいお湯	namanurui
1703	こもりうた	子守り歌	komoriuta
1704	もくざい	木材	mokuzai
1705	こぶ		kobu
1706	ランチ、べんとう	弁当	ranchi / bentoo
1707	べんとうばこ	弁当箱	bentoobako
1708	はい	肺	hai
1709	ざっし	雑誌	zasshi
1710	うじ		uji
1711	まほう	魔法	mahoo
1712	てじなし	手品師	tejinashi
1713	じしゃく	磁石	jishaku
1714	りっぱ(な)	立派(な)	rippa (na)
1715	むしめがね、かくだいきょう	虫眼鏡、拡大鏡	mushi-megane / kakudaikyoo
1716	かささぎ		kasasagi
1717	ゆうびんでてがみをだす	郵便で手紙を出す	yuubin de dasu
1718	ゆうびんはいたつ	郵便配達	yuubin haitatsu

TERM #	HIRAGANA	KANJI	ROMAJI
1719	つくる	作る	tsukuru
1720	(お)けしょう	(お)化粧	(o) keshoo
1721	おす	雄	osu
1722	つち		tsuchi
1723	だんせい、おとこのひと	男性、男の人	dansee / otoko no hito
1724	みかん		mikan
1725	マンドリン		mandorin
1726	たてがみ	立髪	tategami
1727	マンゴー		mangoo
1728	れいぎただしい ぎょうぎがいい	礼儀正しい 行儀がいい	reegi tadashii / gyoogi ga ii
1729			takusan
1730	ちず	地図	chizu
1731	だいりせき	大理石	dairiseki
1732	ビーだま	ビー玉	biidama
1733	こうしんする	行進する	kooshin suru
1734	さんがつ	三月	san-gatsu
1735	(めすの)うま	(雌の)馬	(mesu no) uma
1736	マリーゴールド		marigoorudo
1737	マークする、さいてんする	採点する	maaku suru / saiten suru
1738	いいてんすうをもらう	いい点数をもらう	tensuu
1739	マーケット		maaketto
1740	けっこんする	結婚する	kekkon suru
1741	ぬま、しっち	沼、湿地	numa / shitchi
1742	じゃがいもをつぶす		tsubusu
1743	(お)めん	(お)面	(o) men
1744	しつりょう	質量	shitsuryoo
1745	マスト		masuto
1746	マスターする、おぼえる	覚える	masutaa suru / oboeru
1747	テニスのしあい	テニスの試合	shiai
1748	マッチ		matchi

TERM #	HIRAGANA	KANJI	ROMAJI
1749	さんすう、すうがく	算数、数学	sansuu / suugaku
1750	ゴーディはどうかしたんですか? なんでもないんですよ。かなしそうにみえるるだけです。 *What is the matter with Gordie? Nothing is the matter with him. He just looks sad.*	悲しそうに見えるだけ	
1751	マットレス		mattoresu
1752	ごがつ	五月	go-gatsu
1753	たぶんアシュレイはいえにいるべきでしょう。 たぶんトムがしゅくだいをてつだってくれるでしょう。 *Maybe Ashley should stay home. Maybe Tom could help her do her homework.*		tabun
1754	しちょう	市長	shichoo
1755	めいろ	迷路	meero
1756	くさはら	草原	kusahara
1757	ひばり	雲雀	hibari
1758	しょくじ	食事	shokuji
1759	いじのわるいひと	意地の悪い人	iji no warui
1760	はしか	麻疹	hashika
1761	はかる	計る	hakaru
1762	にく	肉	niku
1763	メカニック		mekanikku
1764	メダル		medaru
1765	くすり	薬	kusuri
1766	ちゅうぐらい(の)	中位(の)	chuugurai (no)
1767	ともだちにあう	友達に会う	au
1768	かい、かいぎ、かいごう	会、会議、会合	kai / kaigi / kaigoo

TERM #	HIRAGANA	KANJI	ROMAJI
1769	メロン		meron
1770	こおりがとける	氷が溶ける	tokeru
1771	クラブのメンバーはよにん。	クラブのメンバーは4人。	membaa
1772	メニュー		menyuu
1773	てんこうにさゆうされる。 わるものはだれにもじょうをしめしませんでした。 *We are at the mercy of the weather. The bandits showed no mercy to anyone.*	天候に左右される。 悪者はだれにも情を示しませんでした。	
1774	にんぎょ	人魚	ningyo
1775	ようきなひと	陽気な人	yooki (na)
1776	ほんとうにめちゃくちゃ		mecha-kucha
1777	でんごん	伝言	dengon
1778	ししゃ、つかいのひと	使者、使いのひと	shisha / tsukai no hito
1779	きんぞくでできている	金属で出来ている	kinzoku
1780	いんせき	隕石	inseki
1781	メーター		meetaa
1782	1メートル=やく40インチ	1メートル=約40インチ	meetoru
1783	アシュレイははやくおぼえるほうほうをしっています。 *Ashley has a method to learn quickly.*	アシュレイは早く覚える方法を知っています。	hoohoo
1784	メトロノーム		metoronoomu
1785	マイク		maiku
1786	けんびきょう	顕微鏡	kembikyoo
1787	でんしレンジ	電子レンジ	denshi renji
1788	まひる、しょうご	真昼、正午	mahiru / shoogo
1789	まんなか	真ん中	mannaka
1790	こびと	小人	kobito
1791	まよなか	真夜中	mayonaka

Left table:

TERM #	HIRAGANA	KANJI	ROMAJI
1792	1マイルは 1.6 キロメートルです。 *One mile equals 1.6 kilometers.*		mairu
1793	ミルク、ぎゅうにゅう	牛乳	miruku gyuunyuu
1794	せいふんじょ、すいしゃごや	製粉所、水車小屋	seifunjo suishagoya
1795	こころ、せいしん	心、精神	kokoro seishin
1796	こうざん	鉱山	koozan
1797	こうふ	坑夫、鉱夫	koofu
1798	こうぶつ	鉱物	koobutsu
1799	はや		haya
1800	ミント		minto
1801	マイナス		mainasu
1802	いちじかんはろくじゅっぷん。		fun pun
1803	きせき	奇跡	kiseki
1804	しんきろう	蜃気楼	shinkiroo
1805	かがみ	鏡	kagami
1806	けち、けちんぼ		kechi kechimbo
1807	かぞくがこいしい。	恋しい	koishii
1808	ミサイル		misairu
1809	きり、もや	霧	kiri moya
1810	やどりぎ	宿り木	yadorigi
1811	てぶくろ	手袋	tebukuro
1812	まぜる、ミックスする	混ぜる	mazeru mikkusu suru
1813	ミキサー		mikisaa
1814	(お)ほり	(お)堀	(o) hori
1815	まねる、ばかにする	真似る、馬鹿にする	maneru baka ni suru
1816	つぐみ		tsugumi
1817	もけいひこうき	模型飛行機	mokee

Right table:

TERM #	HIRAGANA	KANJI	ROMAJI
1818	モダンないす	モダンな椅子	modan (na)
1819	しめっている	湿っている	shimette iru
1820	もぐら		mogura
1821	ほくろ		hokuro
1822	ちょっと、しょうしょう	ちょっと、少々	chotto shooshoo
1823	げつようびにはアシュレイははやおきをします。 *On Mondays Ashley gets up early.*	月曜日にはアシュレイは早起きをします。	getsuyoobi
1824	おかね	お金	okane
1825	さる	猿	saru
1826	モンクフィッシュ		monku-fisshu
1827	かいぶつ、モンスター	怪物	kaibutsu monsutaa
1828	じゅうにかげつ	12か月	getsu
1829	きねんひ	記念碑	kinenhi
1830	きげんがいい	きげんがいい	kigen ga ii
1831	きげんがわるい	きげんが悪い	kigen ga warui
1832	つき	月	tsuki
1833	ムース		muusu
1834	あさ	朝	asa
1835	にゅうばちとにゅうぼう	乳鉢と乳棒	nyuubachi
1836	モザイク		mozaiku
1837	か	蚊	ka
1838	こけ	苔	koke
1839	ははおや、おかあさん	母親、お母さん	hahaoya okaasan
1840	モーター		mootaa
1841	オートバイ		ootobai
1842	ゼリーのかた	ゼリーの型	kata
1843	こやま	小山	koyama
1844	うまにのる	馬に乗る	noru
1845	やま	山	yama
1846	はつかねずみ	二十日鼠	hatsuka nezumi

TERM #	HIRAGANA	KANJI	ROMAJI
1847	くちひげ	口ひげ	kuchihige
1848	くち	口	kuchi
1849	かたつむり(はゆっくり)うごく。	かたつむり(はゆっくり)動く。	ugoku
1850	うんどう	運動	undoo
1851	えいがかん	映画館	eegakan
1852	しばをかる	芝を刈る	karu
1853	わたしには おおすぎる	私には 多すぎる	ooi
1854	どろ	泥	doro
1855	ろば		roba
1856	かける、かけざんする	掛ける、掛け算する	kakeru / kakezan suru
1857	おたふくかぜ	お多福かぜ	otafuku-kaze
1858	ころす	殺す	korosu
1859	きんにく	筋肉	kin'niku
1860	はくぶつかん	博物館	hakubutsukan
1861	きのこ	茸	kinoko
1862	おんがく	音楽	ongaku
1863	おんがくか	音楽家	ongaku-ka
1864	ムールがい	ムール貝	muuru-gai
1865	とびこまなければ いけない	飛び込まなければいけない	-nakereba ikenai
1866	からし	芥子	karashi
1867	くちわ	口輪	kuchiwa
1868	くぎ	釘	kugi
1869	つめ	爪	tsume
1870	つめきり	爪切り	tsumekiri
1871	くぎをうつ	釘を打つ	utsu
1872	はだか	裸	hadaka
1873	なまえは......	名前は......	namae
1874	ナプキン		napukin
1875	せますぎて とおれない	狭すぎて 通れない	semai
1876	くに	国	kuni

TERM #	HIRAGANA	KANJI	ROMAJI
1877	くだものには しぜんの とうぶんが ふくまれて います。 Fruit contains natural sugar.	自然(の)	shizen (no)
1878	しぜんは うつくしい。	自然は美しい。	shizen
1879	いたずら		itazura
1880	そうじゅうする	操縦する	soojuu suru
1881	ちかい	近い	chikai
1882	きちんとした、かっこ(う)の)いい		kichin to shita / kakko ii
1883	ひつよう	必要	hitsuyoo
1884	くび	首	kubi
1885	ネックレス		nekkuresu
1886	はなのみつ	蜜	mitsu
1887	ネクタリン		nekutarin
1888	さばくでは みずがなに よりひつようです。 There is a great need for water in the desert.	砂漠では水がなによりも必要です。	hitsuyoo
1889	すいぶんが いる。	水分が要る。	iru
1890	はり	針	hari
1891	むしする、あいてにしない	無視する、相手にしない	mushi suru / aite ni shinai
1892	うまが いななく	馬がいななく	inanaku
1893	となりのひと	隣りの人	tonari no hito
1894	どれもあわない	どれも合わない	dore mo ......nai
1895	ネオンサイン		neon-sain
1896	おい	男	oi
1897	しんけい	神経	shinkei
1898	ロンはしんけいしつだ。	ロンは神経質だ。	shinkeeshitsu
1899	す	巣	su
1900	いらくさ		irakusa
1901	ひあそびは ぜったいに しないこと。	火遊びは絶対にしないこと。	zettai ni......nai
1902	あたらしい	新しい	atarashii

TERM #	HIRAGANA	KANJI	ROMAJI
1903	このしんぶんにきょうの ニュースがのっています。 / いいニュースがあります よ。 / *This paper has today's news.* / *I have good news for you.*	この新聞に今日のニュースがのっています。	nyuusu
1904	しんぶん	新聞	shimbun
1905	つぎ どうぞ	次 どうぞ	tsugi
1906	くるみを すこしずつ かむ	胡桃を少しずつ噛む	kamu
1907	いいこ	いい子	ii
1908	ニッケル		nikkeru
1909	なまえはアシュレーです が、ニックネームは スポッツです。	名前はアシュレーですが、ニックネームはスポッツです。 / *Her name is Ashley but her nickname is Spots.*	nikku neemu
1910	めい	姪	mee
1911	よる	夜	yoru
1912	うぐいす		uguisu
1913	わるいゆめ、あくむ	悪い夢、悪夢	warui yume akumu
1914	ここのつ、きゅう、く	九つ、九、九	kokonotsu kyuu ku
1915	ここのつめ、 きゅうばんめ	九つ目、九番目	kokonotsu-me kyuubam-me
1916	こたえは「いいえ」。	答えは「いいえ」。	iie
1917	ガラハドきょうは みぶんが たかくて、かんだいなひ とでした。	ガラハド候は身分が高く て、寛大な人でした。 / *Sir Galahad was a noble and generous person.*	mibun ga takai
1918	きぞく	貴族	kizoku
1919	ここには だれも いない。		daremo...nai
1920	うるさいおと	うるさい音	urusai oto
1921	しょうご	正午	shoogo
1922	きた	北	kita

TERM #	HIRAGANA	KANJI	ROMAJI
1923	はな	鼻	hana
1924	くるみ	胡桃	kurumi
1925	くるみわり	くるみ割り	kurumi-wari
1926	ナイロン		nairon
1927	かしのき	樫の木	kashi no ki
1928	オール		ooru
1929	オアシス		oashisu
1930	ちょうほうけい	長方形	choohookee
1931	かんさつする	観察する	kansatsu suru
1932	たいかい、たいよう	大海、大洋	taikai taiyoo
1933	はっかっけい	八角形	hakkakkee
1934	じゅうがつ	十月	juu-gatsu
1935	たこ	蛸	tako
1936	オドメーター		odomeetaa
1937	におい	匂い	nioi
1938	でんきがきえています。	電気が消えています。	kiete iru
	キャシーはコートを ぬぎます。 / *The light is off.* / *Cathy takes off her coat.*	キャシーはコートを脱ぎます。	nugu
1939	かいたいともうしでる	買いたいと申し出る	mooshideru
1940	しょうこう	将校	shookoo
1941	ろくがつには あめが よくふります。	六月には雨がよく降ります。	yoku
	アシュレイは たびたび しつもんし ます。 / *It often rains in June.* / *Ashley often asks questions.*	アシュレイは度々質問します。	tabitabi
1942	あぶら	油	abura
1943	ぬりぐすり	塗り薬	nurigusuri
1944	としをとったひと、 ろうじん	年を取った人、老人	toshi o totta hitu roujin
1945	オリーブ		oriibu

Terms 1946–1961

TERM #	HIRAGANA	KANJI	ROMAJI
1946	オムレツ		omuretsu
1947	つくえのうえ	机の上	ue
1948	カールはやまに いちどしか いったことがありません。 むかしむかしリサという おんなのこがいました。 *Carl has been to the mountain only once. Once upon a time, there was a little girl called Lisa.*	カールは山に一度しか行っ たことがありません。 むかしむかしリサという女 の子がいました。	ichido mukashi mukashi
1949	ひとつ、いち	一つ、一	hitotsu ichi
1950	たまねぎ	玉ねぎ	tamanegi
1951	あなただけに ささげる あい。	あなただけに捧げる愛。	dake
1952	あいている	開いている	aite iru
1953	あける、ひらく	開ける、開く	akeru hiraku
1954	しゅじゅつ	手術	shujutsu
1955	ふくろねずみ		fukuro nezumi
1956	ぜんの はんたいは あくで す。 「こうふく」の はんたい はなんでしょう? *Good is the opposite of bad. What is the opposite of "happy"?*	善の反対は悪です。 「幸福」の反対はなんで しょう?	hantai
1957	なしとりんごと どちら がすきですか。 にほんごをならっていま すか、ちゅうごくごをな らっていますか。 *Do you prefer a pear or an apple? Are you learning Japanese or Chinese?*	梨とりんごとどちらが好き ですか。 日本語を習っていますか、 中国語を習っていますか。	
1958	オレンジ		orenji
1959	オレンジいろ、だいだい		orenji-iro daidai
1960	かじゅえん	果樹園	kajuen
1961	オーケストラ		ookesutora

Terms 1962–1982

TERM #	HIRAGANA	KANJI	ROMAJI
1962	らん	蘭	ran
1963	ちゅうもんする	注文する	chuumon suru
1964	オレガノ		oregano
1965	オルガン		orugan
1966	うぐいす		uguisu
1967	こじ、みなしご	孤児、みなし子	koji minashigo
1968	だちょう	だちょう	dachoo
1969	かわうそ	川うそ	kawauso
1970	1ポンドは 16オンス。	1ポンドは 16オンス。	onsu
1971	そと、やがい	外、野外	soto yagai
1972	いでたち、かっこう	出立ち、格好	idetachi kakkoo
1973	だえんけい、たまごがた	楕円形、卵形	daenkee tamagogata
1974	オーブン		oobun
1975	ひとがおちたぞ!	人が落ちたぞ!	ochiru
1976	オーバー		oobaa
1977	あふれる	溢れる	afureru
1978	オーバーシューズ		oobaa-shuuzu
1979	ひっくりかえる	ひっくり返る	hikkurikaeru
1980	せんせいには けいいを ひょうすべきです。 しゃっきんは しないほう がいいです。 *You owe respect to your teacher. It is best not to owe any money.*	先生には敬意を表すべきで す。 借金はしないほう がいいで す。	
1981	ふくろう	梟	fukuroo
1982	このいえはわたしたちの もちいえです。 みずうみに コテージを もっています。 *We own our house. They own a cottage on a lake.*	この家はわたしたちの持ち 家です。 湖にコテージを持っていま す。	motsu motte iru

TERM #	HIRAGANA	KANJI	ROMAJI
1983	(おす)のうし	(雄の)牛	(osu no) ushi
1984	さんそ	酸素	sanso
1985	かき	牡蠣	kaki
1986	カバンに つめる		tsumeru
1987	つつみ	包み	tsutsumi
1988	メモようし	メモ用紙	yooshi
1989	パット		patto
1990	かい、オール		kai / ooru
1991	オールで こぐ		kogu
1992	かぎ、じょう	鍵、錠	kagi / joo
1993	ページ		peeji
1994	バケツ		baketsu
1995	いたみ	痛み	itami
1996	ペンキ		penki
1997	ペンキぬりたて	ペンキ塗りたて	nuritate
1998	ペンキをぬる	ぺんきを塗る	nuru
1999	ペンキようのはけ	ペンキ用の刷毛	hake
2000	ペンキや	ペンキ屋	penki-ya
2001	え	絵	e
2002	くついっそく	靴一足	issoku
2003	きゅうでん	宮殿	kyuuden
2004	いろがうすい	色が薄い	usui
2005	パレット		paretto
2006	てのひら	手の平	te no hira
2007	さら、ひらなべ	皿、(平)鍋	sara / nabe
2008	パンケーキ		pankeeki
2009	パンダ		panda
2010	はいでんばん	配電盤	haiden-ban
2011	パンパイプ		pan-paipu
2012	パンジー		panjii
2013	はあはあ あえぐ		aegu
2014	ひょう	約	hyoo

TERM #	HIRAGANA	KANJI	ROMAJI
2015	ズボン		zubon
2016	パパイヤ		papaiya
2017	かみ	紙	kami
2018	パラシュート		parashuuto
2019	パレード		pareedo
2020	へいこうせん	平行線	heekoosen
2021	まひこうする	麻痺する	mahi suru
2022	こづつみ	小包	kozutsumi
2023	りょうしん	両親	ryooshin
2024	こうえん	公園	kooen
2025	くるまをとめる、ちゅうしゃする	車を止める、駐車する	tomeru / chuusha suru
2026	パルカ		paruka
2027	ぎかい	議会	gikai
2028	おうむ		oomu
2029	パセリ		paseri
2030	パースニップ		paasunippu
2031	りゅうし	粒子	ryuushi
2032	パートナー		paatonaa
2033	パーティー		paatii
2034	パスする		pasu suru
2035	きをうしなう	気を失う	ki o ushinau
2036	ろうか、つうろ	廊下、通路	rooka / tsuuro
2037	じょうきゃく、せんきゃく	乗客、船客	jookyaku / senkyaku
2038	パスポート		pasupooto
2039	むかしは ひこうきも くるま もありませんでした。はちにごふんすぎです。 *In the past, there were no planes or cars. It is five past eight.*		mukashi / sugi
2040	パスタ		pasuta
2041	のりではる		haru

Left Table

TERM #	HIRAGANA	KANJI	ROMAJI
2042	きばらし（にすること）	気晴らし（にすること）	kibarashi
2043	（こなをねってつくった）おかし	（粉を練って作った）お菓子	okashi
2044	ぼくじょう	牧場	bokujoo
2045	つぎ		tsugi
2046	みち	道	michi
2047	がまんづよい	我慢強い	gaman-zuyoi
2048	かんじゃ	患者	kanja
2049	パターン、げんけい	原型	pataan / genkee
2050	にほんごをよむとてんのところでやすんでください。 やすまずに、きのところらでっこいってっこいってこれますか。 When reading Japanese you pause at a comma. Can you run to that tree and back without a pause?	休む	yasumu
2051	しゃどう	車道	shadoo
2052	（いぬやねこの）あし、て	足、手	ashi / te
2053	はらう	払う	harau
2054	こうしゅうでんわ	公衆電話	kooshuu denwa
2055	へいわ	平和	heewa
2056	もも	桃	momo
2057	くじゃく	孔雀	kujaku
2058	ちょうじょう	頂上	choojoo
2059	なりひびくかねのおと	鳴り響く鐘の音	narihibiku
2060	ピーナッツ		piinattsu
2061	なし	梨	nashi
2062	しんじゅ	真珠	shinju
2063	グリーンピース		guriinpiisu
2064	みずごけ		mizugoke
2065	こいし	小石	koishi
2066	ビーカンのみ	実	piikun

Right Table

TERM #	HIRAGANA	KANJI	ROMAJI
2067	つっつく、ついばむ		tsutsuku / tsuibamu
2068	ペダル		pedaru
2069	ペダルをふんではしる	ペダルを踏んで走る	pedaru o fumu
2070	ほこうしゃ	歩行者	hokoosha
2071	おうだんほどう	横断歩道	oodan hodoo
2072	むく		muku
2073	ペリカン		perikan
2074	ペン		pen
2075	えんぴつ	鉛筆	empitsu
2076	ふりこ	振り子	furiko
2077	ペンギン		pengin
2078	こがたな	小刀	ko-gatana
2079	ごかっけい	五角形	gokakkee
2080	ひとびと	人々	hitobito
2081	こしょう	胡椒	koshoo
2082	はっか、ミント		hakka / minto
2083	すずき（のいっしゅ）	鱸	suzuki
2084	とまりぎ	とまり木	tomarigi
2085	えんそう	演奏	ensoo
2086	こうすい	香水	koosui
2087	ピリオド、しゅうしふ	終止符	piriodo / shuushifu
2088	つるにちにちそう、ビンカ		tsuru-nichinichi-soo / binka
2089	ひと	人	hito
2090	がいちゅう	害虫	guichuu
2091	こまらず、なやます	困らす、悩ます	komarasu / nayamasu
2092	ペット		petto
2093	かわいがる		kawaigaru
2094	はなびら	花びら	hanabira
2095	ペチュニア		pechunia
2096	やくざいし	薬剤師	yakuzaishi

TERM #	HIRAGANA	KANJI	ROMAJI
2097	やっきょく	薬局	yakkyoku
2098	きじ	雉	kiji
2099	でんわ	電話	denwa
2100	しゃしん	写真	shashin
2101	ピアノ		piano
2102	えらぶ、とる	選ぶ、取る	erabu toru
2103	だきあげる	抱き上げる	dakiageru
2104	ピッケル		pikkeru
2105	つけもの	漬物	tsukemono
2106	つける	漬ける	tsukeru
2107	ピクニック		pikunikku
2108	え	絵	e
2109	パイ		pai
2110	パイひときれ	パイ一切れ	pai hitokire
2111	つぎあわせる	継ぎ合わせる	tsugiawaseru
2112	ふとう	埠頭	futoo
2113	ぶた	豚	buta
2114	はと	鳩	hato
2115	ぶたごや	豚小屋	butagoya
2116	つちのやま	土の山	yama
2117	くすり、じょうざい	薬、錠剤	kusuri joozai
2118	はしら	柱	hashira
2119	まくら	枕	makura
2120	まくらカバー	枕カバー	makura kabaa
2121	ひこうし、パイロット	飛行士	hikooshi pairotto
2122	にきび		nikibi
2123	かにのはさみ		hasami
2124	つまむ、つねる		tsumamu tsuneru
2125	まつ	松	matsu
2126	パイナップル		painappuru
2127	ピンク		pinku

TERM #	HIRAGANA	KANJI	ROMAJI
2128	パイプ		paipu
2129	かいぞく	海賊	kaizoku
2130	ピスタチオ		pisutachio
2131	ピストル		pisutoru
2132	なげる	投げる	nageru
2133	マーブ、いいピッチだね。 このピアノはおとがはずれています。 *Hey Merv, that was a good pitch! This piano is off pitch.*		pitchi
			(oto ga) hazureru
2134	みつまた、くまで	三つ又、熊手	mitsumata kumade
2135	コールタールピッチ		koorutaaru-pitchi
2136	アシュレイはこねこをなくしたおんなのこをかわいそうにおもっています。 *Ashley pities the girl who lost her kitten.*	可哀想(な)	kawaisoo (na)
2137	ピクニックにいいところです。 かなづちはもとのばしょにかえしてください。 *It is a good place for a picnic. Please return the hammer to its place.*	所	tokoro
		場所	basho
2138	かれい（ひらめのいっしゅ）		karee
2139	むじのシャツ	無地のシャツ	muji (no)
2140	へいや、はらっぱ	平野、原っぱ	heeya harappa
2141	けいかくする、	計画する	keekaku suru
2142	かんな	鉋	kanna
2143	わくせい	惑星	wakusee
2144	いた	板	ita
2145	しょくぶつ	植物	shokubutsu

TERM #	HIRAGANA	KANJI	ROMAJI
2146	うえる	植える	ueru
2147	プラスター		purasutaa
2148	プラスターをぬる	プラスターを塗る	purasutaa o nuru
2149	プラスチック		purasuchikku
2150	ねんど	粘土	nendo
2151	さら	皿	sara
2152	こうげん、プラトー	高原	koogen, puratoo
2153	ホーム		hoomu
2154	あそぶ	遊ぶ	asobu
2155	あそびば	遊び場	asobiba
2156	トランプ		torampu
2157	たんがんする	嘆願する	tangan suru
2158	きもちのいいひ	気持ちのいい日	kimochi no ii
2159	どうぞ ミルクをください	どうぞ ミルクを下さい	doozo ...... kudasai
2160	プリーツ、ひだ		puriitsu, hida
2161	ペンチ		penchi
2162	すき	好き	suki
2163	むしる		mushiru
2164	さしこみ	差し込み	sushikomi
2165	せん	栓	sen
2166	すもも、プラム		sumomo, puramu
2167	はいかんこう	配管工	haikankoo
2168	まるまるふとった	まるまる太った	futotta
2169	「1」はたんすうで。「10」はふくすうです。"Children"は"child"のふくすうです。 *One is singular, ten is plural. Children is the plural of child.*	複数	fukusuu
2179	プラス		purasu
2171	プライウッド、ごうばん	合板	puraiwuddo, gooban

TERM #	HIRAGANA	KANJI	ROMAJI
2172	おとしたまご	落とし卵	otoshi-tamago
2173	ポケット		poketto
2174	さや		saya
2175	しじんは しをかくひとです。これは アシュレイのかいたしです。 *A poet is a person who writes poems. This is a poem that Ashley wrote.*	詩	shi
2176	ポインセチア		poinsechia
2177	ゆびさす	指さす	yubisasu
2178	やじるしのさき	矢印の先	saki
2179	とがっている		togatte iru
2180	どく	毒	doku
2181	あるきのこは どくです。どくへびのかずは おおくありません。 *Some mushrooms are poisonous. There are not many poisonous snakes.*	毒	doku
2182	つ(っ)つく		tsu(t)tsuku
2183	しろくま、ほっきょくぐま	白熊、北極熊	shirokuma, hokkyoku-guma
2184	はしら、でんちゅう	柱、電柱	hashira, denchuu
2185	けいかん	警官	keekan
2186	ふじんけいかん	婦人警官	fujin-keekan
2187	みがく	磨く	migaku
2188	だれでも れいぎただしい こどもが すきです。「はい」は「うん」より ていねいです。 *Everybody likes polite children. "Hai" is more polite than "un".*	礼儀正しい 丁寧(な)	reegi-tadashii, teenee(na)

TERM #	HIRAGANA	KANJI	ROMAJI
2189	かふん	花粉	kafun
2190	ざくろ		zakuro
2191	いけ	池	ike
2192	ポーニー		poonii
2193	プール		puuru
2194	お金をプールする		puuru suru
2195	びんぼう	貧乏	bimboo
	アシュレイのりょうしんは びんぼうではありませんが、かねもちでもありません。 Ashley's parents are not poor, but they are not rich either.		
2196	ぽんと飛び出る	ぽんと飛び出る	tobideru
2197	ポプラ		popura
2198	けし、ポピー		keshi, popii
2199	アシュレイは にんきもの です。	人気	ninki
	このほんは こどもに にんきがあります。 Ashley is a popular girl. This book is popular among children.		
2200	ポーチ		poochi
2201	けあな	毛穴	keana
2202	ポリッジ		porijji
2203	みなと	港	minato
2204	アシュレイは ポータブル・ラジオがほしいです。		pootaburu
	ボブは ポータブルのコンピュータをほしがっています。 Ashley wants a portable radio. Bob wants a portable computer.		
2205	ポーター		pootaa
2206	しょうぞうが	肖像画	shoozooga

TERM #	HIRAGANA	KANJI	ROMAJI
2207	ポスト		posuto
2208	ポストにいれる	ポストに入れる	posuto ni ireru
2209	ゆうびんきょく	郵便局	yuubinkyoku
2210	えはがき	絵葉書き	ehagaki
2211	ポスター		posutaa
2212	なべ	鍋	nabe
2213	じゃがいも		jagaimo
2214	とうき	陶器	tooki
2215	ポーチ、ちいさいふくろ	小さい袋	poochi fukuro
2216	きゅうに とびつく	急に飛びつく	tobitsuku
2217	バナナ よんほんで 1ポンドぐらいです。ポンドは イギリスの おかねの なまえです。 Four bananas weigh about a pound. Pound is the name of English money.		pondo
2218	たたく、うつ	叩く、打つ	tataku utsu
2219	つぐ		tsugu
2220	くちをとがらす、ふくれっつらする	口をとがらす	kuchi o togarasu fukurettsura suru
2221	パウダー		paudaa
2222	れんしゅうする	練習する	renshuu suru
2223	そうげん、へいげん	草原、平原	soogen heegen
2224	ほめる		homeru
2225	あとあしではねまわる	後足で跳ね回る	hanemawaru
2226	いのる	祈る	inoru
2227	このほうがすきです。	この方が好きです。	suki
2228	にんしんしている	妊娠している	ninshin shite iru
2229	しゅっせき	出席	shusseki
2230	おくりもの、プレゼント	贈り物	okurimono purezento
2231	トロフィーをわたす	トロフィーを渡す	watasu
2232	くだもののさとうづけ	果物の砂糖づけ	satoo-zuke

TERM # 2233–2251

TERM #	HIRAGANA	KANJI	ROMAJI
2233	おす	押す	osu
2234	きれいなドレス	奇麗(な)	kiree (na)
2235	えじき	餌食	ejiki
2236	ねだん	値段	nedan
2237	ちくりとさす	ちくりと刺す	sasu
2238	はりのあるどうぶつ	針のある動物	hari no aru doobutsu
2239	しょうがっこう	小学校	shoogakkoo
2240	プリムラ		purimura
2241	プリンス、おうじ、こうたいし	王子、皇太子	purinsu ooji kootaishi
2242	プリンセス、おうじょ、こうたいしひ	王女、皇太子妃	purinsesu oojo kootaishi-hi
2243	がっこうのこうちょう	学校の校長	koochoo
2244	げんそくとしてはさんせいです。 げんそくのだいいちはいっしょうけんめいにはたらくことです。 *In principle, I agree with you. The first principle is to work hard.*	原則	gensoku
2245	いんさつする	印刷する	insatsu suru
2246	プリズム		purizumu
2247	ろうや、けいむしょ	牢屋、刑務所	rooya keemusho
2248	しゅうじん	囚人	shuujin
2249	こじん	個人	kojin
	トムはこじんレッスンをうけています。 アシュレイはしりつがっこうにかよっています。 *Tom takes private lessons. Ashley goes to a private school.*	私立	shiritsu
2250	いっとうしょうをもらう	一等賞をもらう	shoo
2251	もんだい	問題	mondai

TERM # 2252–2268

TERM #	HIRAGANA	KANJI	ROMAJI
2252	のうさんぶつ、さくもつ	農産物、作物	noosan-butsu sakumotsu
2253	せいさんする、つくる	生産する、作る	seisan suru tsukuru
2254	プログラム、ばんぐみ	番組	puroguramu bangumi
2255	きんじられている	禁じる	kinjiru
2256	シャーレイはプロジェクトのべんきょうをしています。 それはりかのプロジェクトです。 *Shirley is working on a project. It is a science project.*		purojekuto
2257	やくそくする	約束する	yakusoku suru
2258	(フォークまでの)また		mata
2259	はつおんする	発音する	hatsuon suru
2260	しょうこ	証拠	shooko
2261	ささえる	支える	sasaeru
2262	プロペラ		puropera
2263	きちんとしたみなりをしている	きちんとした身なりをしている	kichin to shita
2264	アシュレイのうちはいなかにとちをもっています。	アシュレイの家は田舎に土地を持っています。	tochi
	さいさんのあるひと。 *Ashley's family owns property in the country. A man of property.*	財産のある人	zaisan
2265	こうぎする	抗議する	koogi suru
2266	ほこる、ほこりたかい	誇る、誇り高い	hokoru hokoritakai
2267	しょうめいする	証明する	shoomee suru
2268	これはことわざです。 「さるもきからおちる。」 *Here is a proverb; "Even a genius can make a mistake."*	諺	kotowaza

TERM #	HIRAGANA	KANJI	ROMAJI
2269	いすをようい する	用意する	yooi suru
2270	ブルーン		puruun
2271	えだをおろす	枝をおろす	eda o orosu
2272	こうしゅうでんわ	公衆電話	kooshuu denwa
2273	プリン		purin
2274	みずたまり	水たまり	mizutamari
2275	ぷっぱっとふく	ぷっぱっと吹く	fuku
2276	パフィン		pafin
2277	ひく、ひっぱる	引く、引っ張る	hiku hipparu
2278	かっしゃ	滑車	kassha
2279	プルオーバー		puru-oobaa
2280	みゃく	脈	myaku
2281	ポンプ		pompu
2282	ポンプでくうきをいれる	ポンプで空気を入れる	pompu
2283	かぼちゃ	南瓜	kabocha
2284	なぐる	殴る	naguru
2285	じかんをまもる	時間を守る	jikan o mamoru
2286	タイヤをパンクをせる		panku suru
2287	ばっする	罰する	bassuru
2288	ばつ	罰	batsu
2289	あやつりにんぎょう	操り人形	ayatsuri ningyoo
2290	こいぬ	子犬	ko-inu
2291	きれい(な)		kiree (na)
2292	むらさきいろ	紫色	murasaki-iro
2293	ごろごろのどをならす	ごろごろ喉を鳴らす	nodo o narasu
2294	さいふ、ハンドバッグ	財布	saifu handobaggu
2295	おう、ついせきする	追う、追跡する	ou tsuiseki suru
2296	おす	押す	osu
2297	ここにおいてください。	置く	oku
2298	かたづける	片付ける	katazukeru
2299	のばす、おくらせる あとまわしにする	延ばす、遅らせる 後回しにする	nobasu okuraseru atomawashi ni suru

TERM #	HIRAGANA	KANJI	ROMAJI
2300	パテ		pate
2301	パズル		pazuru
2302	パジャマ		pajama
2303	ピラミッド		piramiddo
2304	にしきへび	錦蛇	nishiki-hebi
2305	うずら		uzura
2306	しつのたかい、こうきゅう(な)	質の高い、高級(な)	shitsu no takai kookyuu (na)
2307	りょう	量	ryoo
2308	けんかする	喧嘩する	kenka suru
2309	いしきりば	石切場	ishikiriba
2310	よんぶんのいち	4分の1	yombun no ichi
2311	ふなつきば、はとば	船着き場、波止場	funatsukiba hatoba
2312	クイーン、じょうおう	女王	kuiin joo'oo
2313	しつもんする	質問する	shitsumon suru
2314	はやい	速い	hayai
2315	うきずな、クイックサンド	浮砂	ukizuna kuwikku-sando
2316	しずか(な)、おとなしい	静か(な)、おとなしい	shizuka (na) otonashii
2317	はねペン	羽ペン	hane-pen
2318	はりねずみのはり	針鼠の針	hari
2319	はねぶとん	羽根布団	hane-buton
2320	まるめろのみ	まるめろの実	marumero no mi
2321	やつつ	矢筒	yazutsu
2322	ふるえる	震える	furueru
2323	きょうがっこうで かんじのしけんがありまし た。 *At school we had a Kanji quiz today.*		shiken
2324	うさぎ	兎	usagi
2325	ラクーン、あらいぐま		rakuun araiguma
2326	きょうそうする	競走する	kyoosoo suru

TERM #	HIRAGANA	KANJI	ROMAJI
2327	ぼうしかけ	帽子かけ	booshikake
2328	おおさわぎ	大騒ぎ	oo-sawagi
2329	ラジエーター		rajieetaa
2330	ラジオ		rajio
2331	ラディッシュ		radisshu
2332	はんけい	半径	hankee
2333	いかだ	筏	ikada
2334	ふいのしゅうげき	不意の襲撃	shuugeki
2335	てすり	手摺り	tesuri
2336	てつどうのせんろ	鉄道の線路	senro
2337	あめがふる	雨が降る	ame ga furu
2338	にじ	虹	niji
2339	レインコート		reen-kooto
2340	アシュレイはクラスでよくてをあげます。アシュレイはおもしろいもんだいをだしました。 Ashley often raises her hand in class. She has raised an interesting question.	アシュレイはクラスでよくてを上げます。アシュレイはおもしろい問題を出しました。	(te o) ageru dasu
2341	ほしぶどう	干しぶどう	hoshibudoo
2342	くまで	熊手	kumade
2343	とをトントンたたく	戸をトントン叩く	tataku
2344	はやい	速い	hayai
2345	めずらしい	珍しい	mezurashii
2346	ほっしん、はっしん	発疹	hosshin hasshin
2347	ラズベリー		razuberii
2348	ねずみ	鼠	nezumi
2349	がらがら		gara-gara
2350	がらがらへび	がらがら蛇	gara-gara hebi
2351	わたりがらす		watari-garasu
2352	がつがつたべる	がつがつ食べる	gatsu gatsu taberu
2353	きょうこく、けいこく	峡谷、渓谷	kyookoku keekoku

TERM #	HIRAGANA	KANJI	ROMAJI
2354	なまたまご	生卵	nama
2355	たいようのこうせん	太陽の光線	koosen
2356	ひげそり、レーザー	髭そり	higesori reezaa
2357	とどく	届く	todoku
2358	よむ	読む	yomu
2359	いちについて、ようい、ドン	位置について、用意、ドン	yooi
2360	ほんとう(の)、ほんもの(の)	本当(の)、本物(の)	hontoo (no) hon-mono (no)
2361	わかる	分かる	wakaru
2362	ほんとうに	本当に	hontoo ni
2363	うしろ	後ろ	ushiro
2364	バックミラー		bakku-miraa
2365	ろんじる	論じる	ronjiru
2366	むりをいってはいけません。 てごろなねだんですね。 Please be reasonable. That is a reasonable price.	手ごろ	tegooro(na)
2367	こくみんはたかいぜいにはんたいしています。 トムはちちおやにはんこうしているとおもっています。 People do rebel against high taxes. Tom thinks he was wrong to rebel against his father.	反対する 反抗する	hantai suru hankoo suru
2368	おもいだせない	思い出せない	omoidasu
2369	もらう、うけとる	受け取る	morau uketoru
2370	さいきんかえったばかり	最近	saikin
2371	レシピー		reshipii
2372	あんしょうする	暗唱する	anshoo suru
2373	レコード		rekoodo
2374	レコードプレーヤー		rekoodo pureeyaa

TERM #	HIRAGANA	KANJI	ROMAJI
2375	アシュレイのかぜはすぐなおるでしょう。 そこにちらかっていたほんをもとにもどしました。 *Ashley may recover from her cold soon.* *I recovered all the books that were left outside.*		naoru modosu
2376	ちょうほうけい	長方形	choohookee
2377	あか	赤	aka
2378	あし、よし	葦、芦	ashi yoshi
2379	さす	砂州	sasu
2380	いぶる		iburu
2381	リール、いとまき	糸巻き	riiru itomaki
2382	レフェリー、しんぱんいん	審判員	referii shimpan'in
2383	はんしゃする、うつる	反射する、映る	hansha suru utsuru
2384	れいぞうこ	冷蔵庫	reezooko
2385	ことわる、きょひする	断る、拒否する	kotowaru kyohi suru
2386	ちいき	地域	chiiki
2387	とうろくする	登録する	tooroku suru
2388	こうかいする	後悔する	kookai suru
2389	れんしゅうする	練習する	renshuu suru
2390	トナカイ		tonakai
2391	たづな	手綱	tazuna
2392	しんせき、しんるい	親戚、親類	shinseki shinrui
2393	リラックスする、のんびりする		rirakkusu suru nombiri suru
2394	はなす	放す	hanasu
2395	おぼえている、わすれない	覚えている、忘れない	oboete iru wasurenai
2396	はなれじま	離れ島	hanarejima
2397	ほうしをとる	取る	toru

TERM #	HIRAGANA	KANJI	ROMAJI
2398	アパートをかりています。 くるまをかりて、しまをぐるりとまわりました。 *We rent an apartment.* *We rented a car and went around the island.*	借りる	kariru
2399	なおす、しゅうぜんする	直す、修繕する	naosu shuuzen suru
2400	くりかえす	繰り返す	kurikaesu
2401	とりかえる	取り替える	torikaeru
2402	こたえる	答える	kotaeru
2403	はちゅうるい	爬虫類	hachuurui
2404	たすけだす	助け出す	tasukedasu
2405	ちょすいち	貯水池	chosuichi
2406	だれのせきにんですか。 アシュレイはせきにんのあるおんなのこです。 *Who is responsible for this?* *Ashley is a responsible girl.*	責任 責任感	sekinin sekininkan
2407	やすむ	休む	yasumu
2408	レストラン		resutoran
2409	アシュレイはとしょかんのほんをいつもかえします。 ジョンはすぐかえってくるでしょう。 *Ashley always returns her library books.* *John will return soon.*	返す 帰る	kaesu kaeru
2410	ぎゃく	逆	gyaku
2411	さい	犀	sai
2412	ルーバーブ、だいおう	大黄	ruubaabu dai'oo

TERM #	HIRAGANA	KANJI	ROMAJI
2413	えいごの しをかくときに を ふむことができます。	韻	in
	When you write a poem in English, you can make it rhyme.		
2414	ろっこつ、あばらぼね	肋骨、あばら骨	rokkotsu abarabone
2415	リボン		ribon
2416	ごはん	ご飯	gohan
2417	かねもちでもなく、びんぼうでもありません。	金持ち	kanemochi
	かねもちはびんぼうにんをいつもたすけなければならない。		koi
	He is neither rich nor poor. The rich must always help the poor.		
2418	なぞなぞ		nazonazo
2419	うまにのる	馬に乗る	noru
2420	やまのおね	山の尾根	one
2421	みぎて	右手	migite
2422	かどでみぎにまがってください。	右	migi
	アシュレイはいつもただしいとおもっています。	正しい	tadashii
	Turn right at the next corner. Ashley thinks she is always right.		
2423	みぎきき	右利き	migi-kiki
2424	かわ	皮	kawa
2425	ゆびわ	指輪	yubiwa
2426	ベルをならす	ベルを鳴らす	narasu
2427	アイスホッケーのリンク		rinku
2428	ゆすぐ、すすぐ	濯ぐ、溜ぐ	yusugu susugu
2429	ぼうどう	暴動	boodoo

TERM #	HIRAGANA	KANJI	ROMAJI
2430	さく	裂く	saku
2431	じゅくしている	熟している	jukushite iru
2432	ちいさななみ、こなみ、さざなみ	小さな波、小波、さざ波	chiisai nami ko-nami sazanami
2433	たいようがのぼる	太陽が昇る	noboru
2434	きけん	危険	kiken
	きけんなことをするときはいつもきをつけたほうがいいですよ。あしたしものおそれがあります。	恐れ	osore
	Always be careful when taking risks. There will be a risk of frost tomorrow.		
2435	ライバル		raibaru
2436	かわ	川	kawa
2437	みち	道	michi
2438	ほえる	吠える	hoeru
2439	ロースト		roosuto
2440	ごうとう、おいはぎ	強盗、追いはぎ	gootoo oihagi
2441	ロビン、こまどり		robin komadori
2442	いわ	岩	iwa
2443	ゆする	揺する	yusuru
2444	ロケット		roketto
2445	ゆりいす	揺りいす	yuri-isu
2446	さお、つりざお	竿、釣り竿	sao tsuri-zao
2447	ロール		rooru
2448	ころがる	転がる	korogaru
2449	ローラースケート		roora sukeeto
2450	めんぼう	めん棒	memboo
2451	やね	屋根	yane
2452	へや	部屋	heya
2453	とまりぎにとまる	止まり木…止まる	tomarigi ni tomaru
2454	ね	根	ne

TERM #	HIRAGANA	KANJI	ROMAJI
2455	なわ、ロープ	縄	nawa / roopu
2456	ばら		bara
2457	ローズマリー		roozumarii
2458	ばらいろ(の)	ばら色(の)	baruiro (no)
2459	くさったりんご		kusatta
2460	ざらざらする、あらっぽい	荒っぽい	zara zara suru arappoi
2461	まるい	丸い	marui
2462	ならんだボタン	並んだボタン	naranda
2463	こぐ		kogu
2464	おうしつ(の)	王室(の)	ooshitsu (no)
2465	ゴム		gomu
2466	がらくた		garakuta
2467	ルビー		rubii
2468	かじ	舵	kaji
2469	れいぎをしらない	礼儀を知らない	reegi o shiranai
2470	けわしいとち	けわしい土地	kewashii
2471	むかしのしろのあと、いせき	昔の城の跡、遺跡	shiro no ato / iseki
2472	規則	規則	kisoku
	アシュレイはいつもきそくをまもります。		
	このいえのきそくは りょうしんがつくります。		
	Ashley always obeys the rules.		
	The rules in this house are made by my parents.		
2473	しはいしゃ、とうちしゃ	支配者、統治者	shihaisha / toochisha
2474	ガタガタというおと	ガタガタという音	gata goto to yuu oto
2475	はしる	走る	hashiru
2476	にげる	逃げる	nigeru
2477	ひく		hiku
2478	エネルギーがなくなる		nakunaru
2479	いそぐ	急ぐ	isogu
2480	さび		sabi

TERM #	HIRAGANA	KANJI	ROMAJI
2481	わだち		wadachi
2482	ライむぎ	ライ麦	rai-mugi
2483	おおきなぶくろ	大きな袋	ookina fukuro
2484	しんせい(な)	神聖(な)	shinsee (na)
2485	かなしい	悲しい	kanashii
2486	くら	鞍	kura
2487	あんぜん(な)	安全(な)	anzen (na)
2488	ほ	帆	ho
2489	ウィンドサーフィン		uindo-saafin
2490	セールボート、ほかけぶね	帆かけ船	seeru-booto / hokakebune
2491	すいへい	水兵	suihee
2492	サラダ		sarada
2493	セール		seeru
2494	さけ、しゃけ	鮭	sake / shake
2495	しお	塩	shio
2496	けいれいする	敬礼する	keeree suru
2497	おなじ	同じ	onaji
2498	すな	砂	suna
2499	サンダル		sandaru
2500	サンドイッチ		sandoitchi
2501	じゅえき	樹液	jueki
2502	いわし	鰯	iwashi
2503	えいせい	衛生	eesee
2504	サテンのドレス		saten
2505	どようびは あそぶひ です。 アシュレイは どようび が だいすきです。 Saturday is play day. Ashley likes Saturdays.	土曜日	doyoobi
2506	ソース		soosu
2507	ソーセージ		sooseeji
2508	おかねをためる	お金を貯める	tameru

TERM #	HIRAGANA	KANJI	ROMAJI
2509	のこぎり	鋸	nokogiri
2510	(のこぎりで)きる	(鋸で)切る	(nokogiri de) kiru
2511	おがくず	お が屑	ogakuzu
2512	おもったとおりにいう	思った通りに言う	yuu
2513	だい、やぐら	台	dai / yagura
2514	やけどする	火傷する	yakedo suru
2515	はかり	秤	hakari
2516	ほたてがい、かいばしら	帆立貝、貝柱	hotategai kaibashira
2517	あたまのかわ	頭の皮	atama no kawa
2518	きず	傷	kizu
2519	おどかす	脅かす	odokasu
2520	かかし		kakashi
2521	スカーフ		sukaafu
2522	まっか	真っ赤	makka
2523	はんざいげんば	犯罪現場	hanzai gemba
2524	けしき	景色	keshiki
2525	がくもん、しょうがくきん	学問、奨学金	gakumon shoogakkin
2526	がっこう	学校	gakkoo
2527	スクーナー		sukuunaa
2528	はさみ	鋏	hasami
2529	スコップで すくう		suku'u
2530	スクーター		sukuutaa
2531	こげたかみ	焦げた紙	kogeru
2532	とくてんする	得点する	tokuten suru
2533	ボーイスカウト		booi-sukauto
2534	かみきれ	紙切れ	kamikire
2535	すりむき		surimuki
2536	けずるどうぐ	削る道具	kezuru
2537	ひっかく	引っ搔く	hikkaku
2538	スクリーン、かなあみ、あみど	金網、網戸	sukuriin kanaami amido

TERM #	HIRAGANA	KANJI	ROMAJI
2539	ねじ	ねじ	neji
2540	ねじまわし	ねじ回し	nejimawashi
2541	ごしごしこする		kosuru
2542	ちょうこくか	彫刻家	chookokuka
2543	たつのおとしご	竜の落とし子	tatsu no otoshigo
2544	アドリアかい、うみ	アドリア海、海	umi -kai
2545	かもめ	鴎	kamome
2546	おっとせい		ottosee
2547	ぬいめ	縫い目	nui-me
2548	さがす	探す	sagasu
2549	サーチライト		saachi-raito
2550	よっつのきせつは、はる なつ あき ふゆです。 *The four seasons are: spring, summer, autumn and winter.*	季節	kisetsu
2551	ざせき	座席	zaseki
2552	ざせきベルト、シートベルト	座席ベルト	zaseki beruto shiito beruto
2553	かいそう	海草	kaisoo
2554	ふたつめ、にばんめ	二つ目、二番目	futatsu-me niban-me
2555	ひみつ	秘密	himitsu
2556	みる	見る	miru
2557	シーソー		shiisoo
2558	たね	種	tane
2559	しんだように みえる	死んだように見える	yoo ni
2560	つかまえる	捕まえる	tsukamaeru
2561	わがまま、りこてき	投がまま、利己的	wagamama rikoteki
2562	うる	売る	uru
2563	はんえん	半円	han'en
2564	おくる	送る	okuru

TERM #	HIRAGANA	KANJI	ROMAJI
2565	びんかんなひん	敏感	binkan (na)
2566	ぶんしょうがつくれます	文章	bunshoo
	どろぼうはけいむしょいきのはんけつをうけました。	判決	hanketsu
	Can you make a sentence? The robber received a prison sentence.		
2567	ほしょう	歩哨	hoshoo
2568	くがつ	九月	ku-gatsu
2569	きゅうじする	給仕する	kyuuji suru
2570	しち、なな、ななつ	七、七つ	shichi / nana / nanatsu
2571	ななつめ、ななばんめ	七つ目、七番目	nanatsu-me / nanabun-me
2572	いつつか むっつ、いくつか	五つか六つ	itsutsu ka muttsu / ikutsuka
2573	ぬう	縫う	nuu
2574	ミシン		mishin
2575	みすぼらしい		misuborashii
2576	こや	小屋	koya
2577	かげ	影	kage
2578	けのふさふさした	毛のふさふさした	fusa fusa shita
2579	ふる	振る	furu
2580	あさい	浅い	asai
2581	シャンプー		shampuu
2582	わけあう	分け合う	wakeau
2583	さめ	鮫	same
2584	シャープなナイフ		shaapu (na)
2585	ナイフとぎ		naifutogi
2586	スケートシャープナー		sukeeto shaapunaa
2587	えんぴつけずり	鉛筆削り	empitsu-kezuri
2588	こなごなにこわす	粉々に壊す	konagona ni kowasu
2589	ひげをそる	髭を剃る	hige o soru

TERM #	HIRAGANA	KANJI	ROMAJI
2590	うえきばさみ	植木鋏	ueki-basami
2591	かたなのさや	刀の鞘	saya
2592	ひつじ	羊	hitsuji
2593	シーツ		shiitsu
2594	たな	棚	tana
2595	かい、かいがら	貝、貝殻	kai / kaigara
2596	かくれば、ひなんじょ	隠れ場、避難所	kakureba / hinanjo
2597	ひつじかい	羊飼い	hitsujikai
2598	たて	盾	tate
2599	むこうずね	向こう脛	mukoozune
2600	かがやく、てる	輝く、照る	kagayaku / teru
2601	いた、やねいた	板、屋根板	ita / yaneita
2602	シングルはびょうきのなまえ	シングルは病気の名前	shinguru
2603	ぴかぴかひかった	ぴかぴか光った	pika pika hikatta
2604	ふね	船	fune
2605	なんぱせん	難破船	nampasen
2606	シャツ		shatsu
2607	ふるえる	震える	furueru
2608	ショック		shokku
2609	くつ	靴	kutsu
2610	くつひも	靴紐	kutsu-himo
2611	くつや	靴屋	kutsuya
2612	うつ、うちおとす	打つ、打ち落とす	utsu / uchiotosu
2613	みせ	店	mise
2614	みせのしゅじん、てんしゅ	店の主人、店主	mise no shujin / tenshu
2615	ショーウィンドー		shoo uindoo
2616	かいがん、きし	海岸、岸	kaigan / kishi
2617	せがひくい	背が低い	se ga hikui

TERM #	HIRAGANA	KANJI	ROMAJI
2618	ショートパンツ		shooto-pantsu
2619	かた	肩	kata
2620	どなる	怒鳴る	donaru
2621	おす、おしのける	押す、押し退ける	osu / oshinokeru
2622	シャベル		shaberu
2623	みせる	見せる	miseru
2624	みせびらかす	見せびらかす	misebirakasu
2625	やっとあらわれた。	現れる	arawareru
2626	シャワー		shawaa
2627	さけぶ	叫ぶ	sakebu
2628	えび	海老	ebi
2629	ちぢむ	縮む	chijimu
2630	かんぼく	灌木	kamboku
2631	まぜる、(トランプを)きる	交ぜる	mazeru / (torampu o) kiru
2632	シャッター、あまど	雨戸	shattaa / amado
2633	はずかしがり	恥かしがり	hazukashigari
2634	びょうき	病気	byooki
2635	わき、そくめん	脇、側面	waki / sokumen
2636	ほどう	歩道	hodoo
2637	ためいきをつく	ため息をつく	tameiki o tsuku
2638	サイン		sain
2639	あいずする、しんごうをおくる	合図する、信号を送る	aizu suru / shingoo o okuru
2640	サイン		sain
2641	しずかに！ アシュレイはしずかにしていられません。 *Be silent.* *It is difficult for Ashley to be silent.*	静かにする	shizuka ni suru
2642	まどのしきい	窓の敷居	shikii

TERM #	HIRAGANA	KANJI	ROMAJI
2643	ジョンは アンが ばかだ と おもっています。アンは ジョンが ばかな ことをすると おもいます。 *John thinks Ann is silly.* *Ann thinks John does silly things.*	馬鹿（な）	baka (na)
2644	ぎん	銀	gin
2645	かんたんな かいけつほう が あるはずです。シンプルな デザインでいいですね。 *There must be a simple solution.* *It is a simple design. I like it.*	簡単（な）	kantan (na) / shimpuru (na)
2646	うたう	歌う	utau
2647	「一」は たんすうで、「五」は ふくすうです。 *"One" is singular and "five" is plural.*	単数	tansuu
2648	ながし	流し	nagashi
2649	しずむ	沈む	shizumu
2650	すする		susuru
2651	サイレン		sairen
2652	おんなのきょうだい、いもうと	妹	(onna no)kyoodai / imooto
2653	すわる	座る	suwaru
2654	ろく、むっつ	六、六つ	roku / muttsu
2655	ろくばんめ、むっつめ	六番目、六つ目	rokubam-me / muttsu-me
2656	サイズ		saizu
2657	スケートする		sukeeto suru
2658	スケートボード		sukeeto-boodo
2659	がいこつ	骸骨	gaikotsu
2660	スケッチする		suketchi suru
2661	スキー		sukii
2662	スキーする		sukii suru

TERM #	HIRAGANA	KANJI	ROMAJI
2663	よこにそれる、よこすべりする	横にそれる、横すべりする	soreru, yokosuberi suru
2664	ひふ、はだ	皮膚、肌	hifu, hada
2665	スキップする、とびはねる	跳びはねる	sukippu suru, tobihaneru
2666	せんちょう	船長	senchoo
2667	スカート	スカート	sukaato
2668	ずがいこつ	頭蓋骨	zugaikotsu
2669	そら	空	sora
2670	ひばり	雲雀	hibari
2671	まてんろう、こうそうビル	摩天楼、高層ビル	matenroo, koosoo biru
2672	バタンとしめる	バタンと閉める	batan to shimeru
2673	ななめの(の)、けいしゃした	斜めの(の)、傾斜した	naname (no), keisha shita
2674	ぴしゃりとたたく、ぶつ	ひしゃりと叩く、打つ	pishari to tataku butsu
2675	ふかくきる、きりつける	深く切る、切りつける	fukaku kiru, kiritsukeru
2676	スレート		sureeto
2677	そり		sori
2678	ねむる	眠る	nemuru
2679	スリーピング・バッグ		suriipingu-baggu
2680	ねむい	眠い	nemui
2681	みぞれ	霙	mizore
2682	そで	袖	sode
2683	すべりだい	すべり台	suberidai
2684	ほっそりした		hossori shita
2685	ぬるぬるした		nuru nuru shita
2686	つりほうたい	吊り包帯	tsuri-bootai
2687	パチンコ		pachinko
2688	すべる	滑る	suberu
2689	スリッパ		surippa
2690	つるつるした		tsuru tsuru shita
2691	ぶしょうもの、だらしのないひと	無精物	bushoo-mono, darashi no nai hito

TERM #	HIRAGANA	KANJI	ROMAJI
2692	しゃめん、スロープ	斜面	shamen, suroopu
2693	スロット、とうにゅうぐち	投入口	surotto, toonyuu-guchi
2694	まえかがみになる	前かがみになる	maekagami ni naru
2695	まがるときくるまは スピードをおとします。「スピードをおとして、おとうさん。はやすぎるよ。」 The car slows down at the corner. "Slow down, Dad! You are going too fast."	スピードを落とす	spiido o otosu
2696	ゆきどけ、どろどろのゆき	雪解け、どろどろの雪	yuki-doke, doro doro no yuki
2697	ちいさい	小さい	chiisai
2698	アシュレイはじぶんは とてもあたまがいいと おもっています。 かっこいいドレスです ね。 Ashley thinks she is very smart. That is a smart dress.	頭がいい 格好(の)いい	atama ga ii kakko ii
2699	こなごなにする	粉々にする	kona gona ni suru
2700	ぬる、なすりつける	塗る、擦りつける	nuru, nasuritsukeru
2701	はなのにおいをかぐ	花の匂いをかぐ	nioi o kagu
2702	いやな においがする、あくしゅうを はなつ	嫌な匂いがする、悪臭を放つ	iya na nioi ga suru, akushuu o hanatsu
2703	たばこをすう	たばこを吸う	tabako o suu
2704	こおりのひょうめんは なめらかです。 ひこうきはスムーズに ちゃくりくしました。 The ice is smooth. The plane has made a smooth landing.	水の表面はなめらかです。 飛行機はスムーズに着陸した。	nameraka (na) sumuuzu (na)
2705	おやつをたべる	おやつを食べる	oyatsu o taberu
2706	かたつむり	蝸	katatsumuri

TERM #	HIRAGANA	KANJI	ROMAJI
2707	へび	蛇	hebi
2708	ポキッと おる	ポキッと折る	pokitto oru
2709	うんどうぐつ、スニーカー	運動靴	undoo-gutsu suniikaa
2710	くしゃみをする		kushami o suru
2711	スノーケル		sunookeru
2712	ゆき	雪	yuki
2713	ゆきのけっしょう	雪の結晶	yuki no kesshoo
2714	スノーシュー、かんじき		sunoo-shuu kanjiki
2715	せっけん	石鹸	sekken
2716	サッカー		sakkaa
2717	ソックス		sokkusu
2718	ソケット		soketto
2719	ソファー		sofaa
2720	ソフト(な)、やわらかい	柔らかい	sofuto (na) yawarakai
2721	へいたい	兵隊	heetai
2722	ひらめ	平目	hirame
2723	とく、かいけつする	解く、解決する	toku kaiketsu suru
2724	ちゅうがえり	宙返り	chuugaeri
2725	むすこ	息子	musuko
2726	うた	歌	uta
2727	<u>すぐ</u> くらく なります。アシュレイは <u>すぐ</u> うちに かえってくるでしょう。	*Soon it will be dark. Ashley will be home soon.*	sugu
2728	まじゅつし	魔術師	majutsushi
2729	うでがいたい。	腕が痛い。	itai
2730	ソレル、かたばみ.		soreru katabami
2731	わるかったとおもう。	悪かったと思う。	warukatta to omou
2732	よりわける	より分ける	yoriwakeru

TERM #	HIRAGANA	KANJI	ROMAJI
2733	スープ		suupu
2734	すっぱい		suppai
2735	みなみ	南	minami
2736	(めす)ぶた	(雌)豚	(mesu)buta
2737	たねをまく	種を蒔く	tane o maku
2738	スペースシップ、うちゅうせん	宇宙船	supeesu shippu uchuusen
2739	くわ		kuwa
2740	たたく	叩く	tataku
2741	よびのタイヤ	予備のタイヤ	yobi no taiya
2742	ひばな	火花	hibana
2743	ひかる、きらめく	光る	hikaru kirameku
2744	すずめ	雀	suzume
2745	はなす	話す	hanasu
2746	やり	槍	yari
2747	スピードをだす、いそぐ	スピードを出す、急ぐ	supiido o dasu isogu
2748	つづる	綴る	tsuzuru
2749	つかう	使う	tsukau
2750	きゅう	球	kyuu
2751	ぴりっとした、やくみのきいた	薬味の効いた	piritto shita yakumi no kiita
2752	くも	蜘蛛	kumo
2753	スパイク		supaiku
2754	こぼす、こぼれる		kobosu koboreru
2755	まわる	回る	mawaru
2756	ほうれんそう	ほうれん草	hoorensoo
2757	せぼね	背骨	sebone
2758	らせんじょう(の)	螺旋状(の)	rasenjoo (no)
2759	とがったやね	とがった屋根	togatta yane
2760	つばをはく	つばを吐く	tsuba o haku
2761	はねかす		hanekasu
2762	きのはへん、こっぱ	木の破片	ki no hahen koppa

TERM #	HIRAGANA	KANJI	ROMAJI
2763	くさった、いたんだ		kusatta itanda
2764	スポンジ		suponji
2765	いとまきを	糸巻き	itomaki
2766	スプーン		supuun
2767	しみ、よごれ	染み、汚れ	shimi yogore
2768	くち	口	kuchi
2769	くじく		kujiku
2770	ふきかける	吹きかける	fukikakeru
2771	ぬる		nuru
2772	スプリング		supuringu
2773	はる	春	haru
2774	いずみ	泉	izumi
2775	ふりかける	振りかける	furikakeru
2776	(たんきょりを)ぜんそくりょくではしる	(短距離を)全速力で走る	zensokuryoku de hashiru
2777	もみ	樅	momi
2778	しかく	四角	shikaku
2779	かぼちゃ	南瓜	kabocha
2780	しゃがむ		shagamu
2781	だきしめる	抱きしめる	dakishimeru
2782	いか		ika
2783	りす		risu
2784	みずをふきつける	水を吹きつける	mizu o fukitsukeru
2785	うまや	馬屋	umaya
2786	ステージ、ぶたい	舞台	suteeji butai
2787	しみ		shimi
2788	かいだん	階段	kaidan
2789	くい	杭	kui

TERM #	HIRAGANA	KANJI	ROMAJI
2790	ふるい、ぼさぼさのパンより、やきたてのほうはかのパンのほうがずっといいです。 *Freshly baked bread is much better than old stale bread.*		pasa pasa (no pan)
2791	セロリのくき	茎	kuki
2792	たねうま	種馬	tane-uma
2793	きって	切手	kitte
2794	たつ	立つ	tatsu
2795	ほし	星	hoshi
2796	じっとみる	じっと見る	jitto miru
2797	むくどり	椋鳥	mukudori
2798	スタートする		sutaato suru
2799	アシュレイはいえにかえるといつも「おなかがすいた」といいます。 *When Ashley comes home, she always says, "I'm starving."*		onaka ga suita
2800	ガソリンスタンド		gasorin sutando
2801	えき	駅	eki
2802	ぞう	像	zoo
2803	うごかないで、	動かないで、	ugokanai de
2804	ステーキ		suteeki
2805	ぬすむ	盗む	nusumu
2806	ゆげ	湯気	yuge
2807	はがね	鋼	hagane
2808	きゅう(な)、けわしい	急(な)、険しい	kyuu (na) kewashii
2809	(お)うし	(雄)牛	(o-)ushi
2810	かじをとる、そうじゅうする	舵をとる、操縦する	kaji o toru soojuu suru
2811	くき	茎	kuki
2812	だん	段	dan
2813	ふみこむ	踏み込む	fumikomu

TERM #	HIRAGANA	KANJI	ROMAJI
2814	そとにでる	外に出る	soto ni deru
2815	シチュー		shichuu
2816	こえだ、ぼうきれ	小枝、棒切れ	ko-eda / bookire
2817	べとべとした		beto beto shita
2818	このはブラシはかたすぎます。 / メリーおばさんはかたがこっています。 / This toothbrush is too stiff. / Aunt Mary has a stiff shoulder.		katai / kotte iru
2819	さす	刺す	sasu
2820	さすこと、さしきず	刺すこと、刺し傷	sasu koto / sashi-kizu
2821	におう、あくしゅうをはなつ	臭う、悪臭を放つ	niou / akushuu o hanatsu
2822	かきまわす	かき回す	kakimawasu
2823	ストッキング		stokkingu
2824	ひをおこす、ねんりょうをくべる	火を起こす、燃料をくべる	hi o okosu / nenryoo o kuberu
2825	い	胃	i
2826	いし	石	ishi
2827	ふみだい、こしかけ	踏み台、腰掛け	fumidai / koshikake
2828	こしをまげる、かがむ	腰を曲げる、屈む	koshi o mageru / kagamu
2829	ストップ、ていし	停止	sutoppu / teishi
2830	きしゃをとめる	汽車を止める	tomeru
2831	よる	寄る	yoru
2832	みせ	店	mise
2833	こうのとり		koo-no-tori
2834	あらし	嵐	arashi
2835	はなし、ものがたり	話、物語り	hanashi / monogatari
2836	オーブン		oobun

TERM #	HIRAGANA	KANJI	ROMAJI
2837	まっすぐ		massugu
2838	こす		kosu
2839	ひっぱる	引っ張る	hipparu
2840	ふしぎ(な)	不思議(な)	fushigi (na)
2841	しめころす	絞め殺す	shimekorosu
2842	ひも	紐	himo
2843	ストロー		sutoroo
2844	いちご	苺	ichigo
2845	おがわ	小川	ogawa
2846	ふきながし	吹き流し	fukinagashi
2847	みち	道	michi
2848	がいとう	街燈	gaitoo
2849	のばす	伸ばす	nobasu
2850	たんか	担架	tanka
2851	ろうどうしゃがちんぎんのねあげのためにストをしています。 / The workers are on strike for more money.	労働者が賃金の値上げのためにストをしている。	suto
2852	たたく、ぶつ、うつ	叩く、打つ	tataku / butsu / utsu
2853	ひも	紐	himo
2854	しま	縞	shima
2855	つよい	強い	tsuyoi
2856	せいと、がくせい	生徒、学生	seeto / gakusee
2857	べんきょうする	勉強する	benkyoo suru
2858	ぬいぐるみのどうぶつ	縫いぐるみの動物	nuigurumi no doobutsu
2859	きりかぶ	切り株	kirikabu
2860	せんすいかん	潜水艦	sensuikan
2861	ひく	引く	hiku
2862	しゃぶる、すう	吸う	shaburu / suu

TERM #	HIRAGANA	KANJI	ROMAJI
2863	きゅうに あめが ふりは じめました。	急に	kyuu ni
	バメラが とつぜんがっこうを やめました。	突然	totsuzen
	Suddenly, it began to rain. Pamela left school suddenly.		
2864	さとう	砂糖	satoo
2865	スーツ		suutsu
2866	スーツケース		suutsu-keesu
2867	なつ	夏	natsu
2868	たいよう	太陽	taiyoo
2869	にちようびには、おかあさん は ケーキを やきます。	日曜日	nichiyoobi
	My mother bakes a cake on Sundays.		
2870	ひどけい	日時計	hi-dokee
2871	ひまわり	向日葵	himawari
2872	ひので	日の出	hinode
2873	にちぼつ	日没	nichibotsu
2874	スーパー		suupaa
2875	ゆうしょく、ゆうごはん	夕ご飯	yuushoku yuugohan
2876	あしたは きっと はれる でしょう。 そうすれば かならずかって まえます。	必ず	kitto kanarazu
	I am sure tomorrow will be a sunny day. That is a sure way to win.		
2877	ひょうめん	表面	hyoomen
2878	げかい	外科医	gekai
2879	みょうじは ポターで、な まえは アシュレイです。	名字	myooji
	My surname is Potter and my first name is Ashley.		
2880	びっくりパーティー		bikkuri paatii
2881	こうさんする	降参する	koosan suru

TERM #	HIRAGANA	KANJI	ROMAJI
2882	とりかこむ	取り囲む	torikakomu
2883	つぼんつり、サスペンダー	ズボン吊り	zubon-tsuri sasupendaa
2884	のみこむ	呑み込む	nomikomu
2885	はくちょう	白鳥	hakuchoo
2886	とりかえる	取り替える	torikaeru
2887	はちのいちぐん	蜂の一群	gun
2888	あせをかく	汗をかく	ase o kaku
2889	セーター		seetaa
2890	はく	掃く	haku
2891	あまい	甘い	amai
2892	それる、そらす	逸れる、逸らす	soreru sorasu
2893	およぐ	泳ぐ	oyogu
2894	ブランコ		buranko
2895	ブランコに のる	ブランコに乗る	buranko ni noru
2896	スイッチ		suitchi
2897	でんきの スイッチを いれてください。	スイッチを入れる	suitchi o ireru
	よくみえるように、せきを とりかえましょうか。	取り替える	torikaeru
	Switch on the light, please.		
	Shall we switch seats so that you can see better?		
2898	とびかかる、おそう	飛びかかる、襲う	tobikakaru osou
2899	かたな	刀	katana
2900	すずかけ		suzukake
2901	シロップ		shiroppu
2902	テーブル		teeburu
2903	テーブルクロス		teeburu-kurosu
2904	じょうざい	錠剤	joozai
2905	びょう	鋲	byoo

Left table

TERM #	HIRAGANA	KANJI	ROMAJI
2906	アシュレイはそのもんだいととくまなければなりません。フットボールのしあいでポールがヘクターととくみあいをしました。 *Ashley must tackle that problem. Paul tackled Hector during the football game.*	取り組む / 取っ組み合いをする	torikumu / tokkumiai o suru
2907	おたまじゃくし		otamajakushi
2908	しっぽ	尻尾	shippo
2909	ようふくや、したてや	洋服屋、仕立屋	yoofukuya shitateya
2910	もっていく	持っていく	motte iku
2911	とりはずす	取り外す	torihazusu
2912	もちさる	持ち去る	mohisaru
2913	もちかえる	持ち帰る	mochikaeru
2914	ぼうしをとる	帽子をとる	toru
2915	とびたつ	飛び立つ	tobitatsu
2916	とりだす	取り出す	toridasu
2917	もちかえり	持ち帰り	mochikaeri
2918	はなし	話	hanashi
2919	アシュレイとリサはタレントショーにでます。シルビアはおんがくのさいのうがあります。 *Ashley and Lisa are in the talent show. Sylvia has a great talent for music.*	才能	tarento / sainoo
2920	はなす、はなしあう	話す、話し合う	hanasu hanashiau
2921	せがたかい	背が高い	se ga takai
2922	タンバリン		tambarin
2923	なれた、おとなしい	馴れた	nareta otonashii
2924	ひやけ	日焼け	hiyake
2925	みかん		mikan

Right table

TERM #	HIRAGANA	KANJI	ROMAJI
2926	もつれる		motsureru
2927	タンク		tanku
2928	タンカー		tankaa
2929	すいどうのじゃぐち	水道の蛇口	jaguchi
2930	テープ		teepu
2931	テープではる	テープで貼る	teepu de haru
2932	テープレコーダー		teepu rekoodaa
2933	コールタール		kooru-taaru
2934	まと		mato
2935	タラゴン		taragon
2936	タルト		taruto
2937	しごと	仕事	shigoto
2938	あじわう	味わう	ajiwau
2939	このタートはとてもおいしいです。 *This tart is very tasty.*		oishii
2940	タクシー		takushii
2941	こうちゃ	紅茶	koocha
2942	おしえる	教える	oshieru
2943	せんせい、きょうし	先生、教師	sensee kyooshii
2944	チーム		chiimu
2945	ティーポット		tii-potto
2946	なみだ	涙	namida
2947	やぶく	破く	yabuku
2948	はぎとる	刺をとる	hagitoru
2949	でんぽう	電報	dempoo
2950	でんわ	電話	denwa
2951	でんわする	電話する	denwa suru
2952	ぼうえんきょう	望遠鏡	booenkyoo
2953	テレビ		terebi
2954	いう、つたえる	言う、伝える	yuu tsutaeru

Left Table

TERM #	HIRAGANA	KANJI	ROMAJI
2955	グローバーは おこりっぽ いです。／ アシュレイは きぶんの あれ んていたこです。／ *Grover has a bad temper. Ashley has an even temper.*	怒りっぽい	okorippoi
2956	おんど	温度	ondo
2957	とう、じゅう	十	too juu
2958	テニス		tenisu
2959	テニスシューズ		tenisu-shuuzu
2960	テント		tento
2961	じゅうばんめ	十番目	juuban-me
2962	ターミナル、たんまつ	端末	taaminaru tammatsu
2963	テストする		tesuto suru
2964	かんしゃする	感謝する	kansha suru
2965	こおりがとける	水が溶ける	koori ga tokeru
2966	げきじょう	劇場	gekijoo
2967	そこ		soko
2968	おんどけい	温度計	ondokei
2969	ふとい	太い	futoi
2970	どろぼう	泥棒	doroboo
2971	もも、また	腿、股	momo mata
2972	ゆびぬき	指貫き	yubinuki
2973	ほそい	細い	hosoi
2974	ひとは もので は あり ま せん。／ アシュレイは おかしな ことをよくいいます。／ *A person is not a thing. Ashley often says funny things.*	物 事	mono koto
2975	かんがえる	考える	kangaeru
2976	みっつめ、さんばんめ	三つ目、三番目	mittsu-me sanban-me

Right Table

TERM #	HIRAGANA	KANJI	ROMAJI
2977	のどが かわいている	喉がかわいている	nodo ga kawaite iru
2978	あざみ		azami
2979	とげ	剣	toge
2980	いと	糸	ito
2981	いとをとおす	糸を通す	ito o toosu
2982	みっつ、さん	三つ、三	mittsu san
2983	しきい	敷居	shikii
2984	のど	喉	nodo
2985	クイーンのぎょくざ、おうざ	王座、王座	gyokuza ooza
2986	なげる	投げる	nageru
2987	もどす、あげる、はく	戻す、上げる、吐く	modosu ageru haku
2988	おやゆび	親指	oyayubi
2989	かみなり	雷	kaminari
2990	らいう	雷雨	raiu
2991	もくようびに アシュレイ は すいえいのクラスに いきます。／ *Ashley goes to swimming class on Thursday.*	木曜日にアシュレイは水泳のクラスに行きます。	mokuyoobi
2992	タイム		taimu
2993	きっぷ	切符	kippu
2994	くすぐる		kusuguru
2995	きちんとしている		kichin to shite iru
2996	ネクタイ		nekutai
2997	むすぶ	結ぶ	musubu
2998	とら	虎	tora
2999	しめる	締める	shimeru
3000	タイル		tairu
3001	かたむく	傾く	katamuku
3002	じかんは なんですか。	時間は 何時ですか。	jikan
3003	ちいさな、ちっちゃな	小さな、小っちゃな	chiisana chitchana

TERM #	HIRAGANA	KANJI	ROMAJI
3004	ひっくりかえる	ひっくり返る	hikkuri-kaeru
3005	チップをあげる	チップを上げる	chippu
3006	つまさきであるく	つま先で歩く	tsumasaki
3007	タイヤ		taiya
3008	つかれている	疲れている	tsukarete iru
3009	がまがえる	がま蛙	gamagaeru
3010	トースト		toosuto
3011	トースター		toosutaa
3012	がっこうは きょうから はじまります。 きょうは ははのひです。 School starts today. Today is Mother's Day.	今日	kyoo
3013	あしのゆび	足の指	ashi no yubi
3014	いっしょにすわっている		issho ni
3015	トイレ		toire
3016	トマト		tomato
3017	はか	墓	haka
3018	あしたは ちちのひです。 アシュレイは あした はく を みにいきます。 Tomorrow is Father's Day. Ashley is going to see dinosaurs at the museum tomorrow.	明日	ashita
3019	トング		tongu
3020	した	舌	shita
3021	トン		ton
3022	へんとうせん	へんとう腺	hentoosen
3023	どうぐ	道具	doogu
3024	は	歯	ha
3025	はがいたい	歯がいたい	ha ga itai
3026	はブラシ	歯ブラシ	haburashi
3027	はみがき	歯磨	hamigaki

TERM #	HIRAGANA	KANJI	ROMAJI
3028	てっぺん、いちばんうえ	てっぺん、一番上	teppen ichiban ue
3029	こま	こま	koma
3030	ひっくりかえる	ひっくり返る	hikkurikaeru
3031	トーチ		toochi
3032	たつまき	竜巻	tatsumaki
3033	げきりゅう、きゅうりゅう	激流、急流	gekiryuu kyuuryuu
3034	かめ	亀	kame
3035	なげる	投げる	nageru
3036	さわる	触る	sawaru
3037	タフ(な)、つよい、たくましい	強い、逞しい	tafu (na) tsuyoi takumashii
3038	ひっぱる	引っぱる	hipparu
3039	タオル		taoru
3040	とう	塔	too
3041	まち	町	machi
3042	おもちゃ	玩具	omocha
3043	なぞる		nazoru
3044	せんろ	線路	senro
3045	トラクター		torakutaa
3046	こうかんする	交換する	kookan suru
3047	こうつう	交通	kootsuu
3048	しんごう	信号	shingoo
3049	とおったあと	通った跡	tootta ato
3050	トレーラー		toreeraa
3051	きしゃ、れっしゃ	汽車、列車	kisha ressha
3052	トレーニングする		toreeningu suru
3053	ふろうしゃ	浮浪者	furoosha
3054	ふみつける	踏みつける	fumitsukeru
3055	トランポリン		toramporin
3056	とうめい(な)、すきとおった	透明(な)、透きとおった	toomei (na) sukitootta

TERM #	HIRAGANA	KANJI	ROMAJI
3057	はこぶ、うんぱんする	運ぶ、運搬する	hakobu / umpan suru
3058	うんぱんしゃ	運搬車	umpansha
3059	わな		wana
3060	トラピーズ		torapiizu
3061	りょこうする	旅行する	ryokoo suru
3062	おぼん	お盆	obon
3063	ダイヤのやま	ダイヤのやま	taiya no yama
3064	たからもの	宝物	takaramono
3065	き	木	ki
3066	ふるえる	震える	furueru
3067	みぞ、ほり	溝、堀	mizo / hori
3068	さいばん	裁判	saiban
3069	さんかく	三角	sankaku
3070	トリック		torikku
3071	たらたらおちる		tara tara ochiru
3072	さんりんしゃ	三輪車	sanrinsha
3073	ひきがね	引き金	hikigane
3074	そろえる	揃える	soroeru
3075	みじかいりょこう	短い旅行	mijikai ryokoo
3076	つまずく		tsumazuku
3077	トロリーバス		tororii basu
3078	ゆっくりはしる	ゆっくり走る	yukkuri hashiru
3079	えをきいれるおけ	桶	oke
3080	ズボン		zubon
3081	ます	鱒	masu
3082	こて		kote
3083	トラック		torakku
3084	ほんとうですか。うそですか。 それはほんとうのはなしです。 *Is it true or false? That is a true story.*	本当	hontoo

TERM #	HIRAGANA	KANJI	ROMAJI
3085	トランペット		torampetto
3086	トランク		toranku
3087	みき	幹	miki
3088	ぞうのはな	象の鼻	zoo no hana
3089	しんようする	信用する	shin'yoo suru
3090	しんじつ、ほんとうのこと	真実、本当のこと	shinjitsu / hontoo no koto
3091	もういちど やってみるべ きです。 おくれないようにしなさ い。 *You should try again. Try not to be late!*		yatte miru / -yoo ni suru
3092	たらい		tarai
3093	くだ、チューブ	管	kuda / chuubu
3094	かようびにアシュレイ はピアノのレッスンが あります。 *On Tuesdays Ashley has piano lessons.*	火曜日	kayoobi
3095	ひっぱる	引っ張る	hipparu
3096	チューリップ		chuurippu
3097	ころぶ、ころがる	転ぶ、転がる	korobu / korogaru
3098	トンネル		ton'neru
3099	しちめんちょう	七面鳥	shichimenchoo
3100	ひだりにまわす	左に回す	mawasu
3101	けす	消す	kesu
3102	つける		tsukeru
3103	ジョンはいいせいねんに なりました。 きっとうまくいくでしょ う。 *John turned out to be a fine young man. I am sure things will turn out alright.*		

TERM #	HIRAGANA	KANJI	ROMAJI
3104	ひっくりかえす	ひっくり返す	hikkurikaesu
3105	かぶ	蕪	kabu
3106	ターンテーブル		taan-teeburu
3107	トルコいしのいろ、そらいろ	トルコ石の色、空色	toruko-ishi no iro / sora-iro
3108	ちいさなとう	小さな塔	chiisana too
3109	うみがめ	海亀	umi-game
3110	きば	牙	kiba
3111	けぬき	毛抜き	kenuki
3112	にど	二度	nido
	アシュレイはにどうえんにいったことがあります。		
	トムはぼくのにばいもほんをもっています。	二倍	nibai
	Ashley has been to the zoo twice.		
	Tom has twice as many books as me.		
3113	こえだ	小枝	koeda
3114	ふたご	双子	futago
3115	ほしがきらきらひかる	光る	hikaru
3116	くるくるまわす	回す	mawasu
3117	ねじる、よる	捻じる、撚る	nejiru / yoru
3118	ふたつ、に	二つ、二	futatsu / ni
3119	タイプする		taipu suru
3120	タイプライター		taipuraitaa
3121	みにくい	醜い	minikui
3122	かさ	傘	kasa
3123	トムおじさんは おかあさんのおにいさんです。もうひとりのおじさんはおとうさんのおとうとです。	伯父さん、叔父さん	ojisan
	Uncle Tom is my mother's elder brother. My other uncle is my father's younger brother.		

TERM #	HIRAGANA	KANJI	ROMAJI
3124	アシュレイは テーブルの したに かくれています。	下	shita
	こさいいかのこどもは いかれません。	以下	ika
	Ashley is hiding under the table.		
	Children under 5 cannot go.		
3125	わかる、りかいする	分かる、理解する	wakaru / rikai suru
3126	したぎ	下着	shitagi
3127	ぬぐ	脱ぐ	nugu
3128	かなしい、ふこう(な)	悲しい、不幸(な)	kanashii / fukoo (na)
3129	ユニコーン		yunikoon
3130	ユニフォーム		yunifoomu
3131	だいがく	大学	daigaku
3132	にをおろす	荷を下ろす	ni o orosu
3133	かぎをはずす	鍵を外す	kagi o hazusu
3134	つつみをあける	包みを開ける	tsutsumi o akeru
3135	まっすぐ	真っ直ぐ	massugu
3136	さかさま	逆さま	sakasama
3137	つかう	使う	tsukau
3138	つかいきる	使いきる	tsukai-kiru
3139	やくにたつ ナイフ	役に立つナイフ	yaku ni tatsu
3140	きゅうか、やすみ	休暇、休み	kyuuka / yasumi
3141	じょうき	蒸気	jooki
3142	ニスをぬる	ニスを塗る	nisu o nuru
3143	かびん	花瓶	kabin
3144	こうしのにく	子牛の肉	ko-ushi no niku
3145	やさい	野菜	yasai
3146	のりもの	乗り物	norimono
3147	ベール		beeru
3148	けっかん	血管	kekkan

TERM #	HIRAGANA	KANJI	ROMAJI
3149	ベノムは どくへびのどく です。 *Venom is the poison of a poisonous snake.*	毒	doku
3150	すいちょく(の)、たて(の)	垂直(の)、縦(の)	suichoku (no) / tate (no)
3151	スポットは とてもいい いぬです。 アシュレイは カールが たいへん あたまがいいと おもいます。 *Spot is a very nice dog. Ashley thinks Carl is very clever.*	大変	totemo / taihen
3152	ベスト、チョッキ		besuto / chokki
3153	じゅうい	獣医	juu'i
3154	ぎせいしゃ	ぎせい者	giseesha
3155	ビデオ、ビデオデッキ		bideo / bideo dekki
3156	ビデオテープ		bideo teepu
3157	やまのうえのけしきは すばらしかったです。 ひとりひとり もののみか たがちがいます。 *What a wonderful view from the top of the mountain! We each have our own point of view.*	景色 / 見方	keshiki / mikata
3158	むら	村	mura
3159	わるもの	悪者	warumono
3160	つる		tsuru
3161	す	酢	su
3162	すみれ		sumire
3163	バイオリン		baiorin
3164	ビザ、さしょう	査証	biza / sashoo

TERM #	HIRAGANA	KANJI	ROMAJI
3165	こんやは くもが おおく て ほしが ほとんど みえません。 *There are many clouds tonight and the stars are barely visible.*	見える	mieru
3166	ほうもんする、たずねる	訪問する、訪ねる	hoomon suru / tazuneru
3167	バイザー		baizaa
3168	このじしょは ごいをふや すのに やくだちます。 *This dictionary helps increase your vocabulary.*	語い	goi
3169	こえ	声	koe
3170	かざん	火山	kazan
3171	バレーボール		baree-booru
3172	ボランティア		borantiya
3173	はく、もどす	吐く、戻す	haku / modosu
3174	とうひょうする	投票する	toohyoo suru
3175	ゆうけんしゃ	有権者	yuukensha
3176	A,E,I,O,U は えいごの ぼいんです。 *A,E,I,O,U are vowels in English.*	母音	bo-in
3177	こうかい	航海	kookai
3178	はげたか	禿鷹	hagetaka
3179	あさいみずのなかを あるく	浅い水の中を歩く	
3180	ワッフル		waffuru
3181	ワゴン		wagon
3182	なきさけぶ	泣き叫ぶ	naki-sakebu
3183	ウエスト		uesuto
3184	まつ	待つ	matsu
3185	おこす	起こす	okosu
3186	あるく	歩く	aruku
3187	かべ	壁	kabe
3188	さいふ	財布	saifu

TERM #	HIRAGANA	KANJI	ROMAJI
3189	くるみ	胡桃	kurumi
3190	せいうち		see'uchi
3191	まほうつかいのつえ	杖	tsue
3192	ほうろうする、さまよう	放浪する	hooroo suru / samayou
3193	ケーキがもっとほしい ひとは(だれですか)? おかあさんは アシュレイ におさらあらいをてつだ ってもらいたいのです。 *Who wants more cake? Mother wants Ashley to help wash the dishes.*		hoshii / -te moraitai
3194	せんそう	戦争	sensoo
3195	いしょう	衣装	ishoo
3196	そうこ	倉庫	sooko
3197	あたたかい	暖かい	atatakai
3198	あたたまる	温まる	atatamaru
3199	ちゅういする	注意する	chuui suru
3200	うさぎのはんしょくち	兎の繁殖地	hanshoku-chi
3201	ぐんじん、ぶし	軍人、武士	gunjin / bushi
3202	いぼ		ibo
3203	あらう	洗う	arau
3204	せんたくき	洗濯機	sentakuki
3205	(お)てあらい、トイレ	(お)手洗い、トイレ	(o)tearai / toire
3206	すずめのはち		suzume-bachi
3207	むだにする	無駄にする	muda ni suru
3208	とけい	時計	tokee
3209	じっとみる	じっと見る	jitto miru
3210	みず	水	mizu
3211	じょうろ	如露	jooro
3212	クレソン		kureson
3213	たき	滝	taki
3214	すいか	西瓜	suika

TERM #	HIRAGANA	KANJI	ROMAJI
3215	ほうすい	防水	boosui
3216	すいじょうスキー	水上スキー	suijoo sukii
3217	なみ	波	nami
3218	てをふる	手を振る	te o furu
3219	ウェーブのある		ueebu no aru
3220	ろう		roo
3221	よわい	弱い	yowai
3222	ぶき	武器	buki
3223	きる	着る	kiru
3224	いたち		itachi
3225	てんき	天気	tenki
3226	おる	織る	oru
3227	みずかきあし	水かき足	mizukaki-ashi
3228	けっこんしき、こんれい	結婚式、婚礼	kekkonshiki / konrei
3229	くさび(がたのもの)	楔(型の物)	kusabi
3230	すいようびには アシュレ イは ごみをだします。 *On Wednesdays, Ashley takes out the garbage.*		suiyoobi
3231	ざっそう	雑草	zassoo
3232	しゅう	週	shuu
3233	ベラおばさんがしゅうま つ あそびにきます。 ラジオでは、このしゅう まつ あめがふるといって います。 *Aunt Vera will visit us this weekend. The weatherman says it will rain this weekend.*		shuumatsu
3234	なく	泣く	naku
3235	はかる	量る	hakaru
3236	ふしぎ(な)、 きみょう(な)、へん(な)	不思議(な)、奇妙(な)、 変(な)	fushigi (na) / kimyoo (na) / hen (na)
3237	むかえる、かんげいする	迎える、歓迎する	mukaeru / kangee suru

Left Table

TERM #	HIRAGANA	KANJI	ROMAJI
3238	いど	井戸	ido
3239	げんき	元気	genki
3240	にし	西	nishi
3241	ぬれている	濡れている	nurete iru
3242	ぬらす	濡らす	nurasu
3243	くじら	鯨	kujira
3244	はとば	波止場	hatoba
3245	ねこを どうしたんですか? / あさごはんに なにを たべますか。 / What did you do to your cat? What are you going to have for breakfast?	何	doo / nani
3246	むぎ	麦	mugi
3247	しゃりん	車輪	sharin
3248	いちりんしゃ	一輪車	ichirinsha
3249	くるまいす	車椅子	kuruma-isu
3250	いつ ベラ おばさんは きますか。 / おたんじょうびは いつって / When is Aunt Vera coming? When is your birthday?		itsu
3251	どこで うまれましたか。 / ねこが まいごになって どこにいるか わかりません。 / Where were you born? Our cat is lost and we have no idea where she is.		doko
3252	どれ		dore
3253	めそめそする		meso meso suru
3254	むち	鞭	muchi
3255	よたか	夜鷹	yotaka
3256	あわだてき	泡立て器	awatateki

Right Table

TERM #	HIRAGANA	KANJI	ROMAJI
3257	ほおひげ		ho'ohige
3258	ささやく		sasayaku
3259	ふえ	笛	fue
3260	くちぶえをふく	口笛を吹く	kuchibue o fuku
3261	しろ	白	shiro
3262	だれが きますか。	誰が来ますか。	dare
3263	どうしてか しりたいで す / どうしてアシュレイは おぼえられないのです か。 / I want to know why. Why can Ashley not remember?		dooshite
3264	ろうそくのしん	芯	shin
3265	わるい	悪い	warui
3266	はばが ひろい	幅が広い	hiroi
3267	(きみの)おくさん、(ぼくの)かない	奥さん、家内	okusan / kanai
3268	やせいのどうぶつ	野生の動物	yasee (no)
3269	やなぎ	柳	yanagi
3270	しおれる	萎れる	shioreru
3271	ずるい		zurui
3272	かつ、ゆうしょうする、すくむ	勝つ、優勝する	katsu / yuushoo suru
3273	ちぢみあがる、すくむ	縮み上がる	chijimiagaru / sukumu
3274	かぜ	風	kaze
3275	まく	巻く	maku
3276	ウィンドブレーカー		uindo-bureekaa
3277	ふうしゃ	風車	fuusha
3278	まど	窓	mado
3279	フロントガラス		furonto-garasu
3280	ワイン、ぶどうしゅ	ぶどう酒	wain / budooshu
3281	はね、つばさ	羽、翼	hane / tsubasa

Left Table

TERM #	HIRAGANA	KANJI	ROMAJI
3282	ウィンクする		winku suru
3283	ふゆ	冬	fuyu
3284	ふく	拭く	fuku
3285	でんせん	電線	densen
3286	かしこい	賢い	kashikoi
	おじいさんはかしこいろうじんです。はやしのなかへひとりでいくのはかしこくありません。 *Grandfather is a wise old man. It is not wise to go into the forest alone.*		
3287	ねがい	願い	negai
3288	まほうつかい、まじょ	魔法使い、魔女	mahootsukai majo
3289	まほうつかい（おとこ）	魔法使い（男）	mahootsukai
3290	おおかみ	狼	ookami
3291	おんなのひと、じょせい	女の人、女性	onna no hito josei
3292	ふしぎがる	不思議がる	fushigi-garu
3293	すばらしい	素晴らしい	subarashii
3294	ざいもく	材木	zaimoku
3295	きつつき		kitsutsuki
3296	はやし、もり	林、森	
3297	もっこう	木工	mokkoo
3298	ウール		uuru
3299	ことば	言葉	kotoba
3300	しごと	仕事	shigoto
3301	はたらく	働く	hataraku
3302	うんどうする	運動する	undoo suru
3303	ワークショップ、しごとば	仕事場	waakushoppu shigotoba
3304	せかい	世界	sekai
3305	みみず		mimizu
3306	しんぱいする	心配する	shimpai suru
3307	けが、きず	怪我、傷	kega kizu

Right Table

TERM #	HIRAGANA	KANJI	ROMAJI
3308	つつむ	包む	tsutsumu
3309	はなわ	花輪	hanawa
3310	こわれたもの、ざんがい	壊れたもの、残骸	kowareta mono zangai
3311	みそさざい		misosazai
3312	レスリングする		resuringu suru
3313	しぼる	絞る	shiboru
3314	てくび	手首	tekubi
3315	うでどけい	胸時計	udedokee
3316	かく	書く	kaku
3317	ひとをだましたり、うそをついたりするのはわるいことです。このバスはまちがったうちうにいっています。 *It is wrong to cheat and to lie. Our bus is going the wrong way.*	悪い / 間違った	warui machigatta
3318	レントゲン		rentogen
3319	もっきん	木琴	mokkin
3320	ヨット		yotto
3321	にわ	庭	niwa
3322	あくびする		akubi suru
3323	とし	年	toshi
3324	さけぶ	叫ぶ	sakebu
3325	きいろ	黄色	kiiro
3326	こたえはイエスですか、ノーですか。もしこたえが「はい」なら、てをあげてください。 *Is it yes or no? If your answer is "yes", please raise your hand.*		iesu hai
3327	アイスクリームをたべてきのうアシュレイはびょうきになりました。 *Yesterday Ashley was sick from eating too much ice cream.*	昨日	kinoo

TERM #	HIRAGANA	KANJI	ROMAJI
3328	ゆする	譲る	yuzuru
3329	たまごのきみ	卵の黄身	kimi
3330	わかい	若い	wakai
3331	しまうま	縞馬	shima-uma
3332	ゼロ、れい		zero rei
3333	ジッパー		jippaa
3334	どうぶつえん	動物園	doobutsuen
3335	(きゅうに)じょうしょうする	(急に)上昇する	jooshoo suru
3336	ズッキーニ		zukkiini